늙지 않는
뇌의 비밀

늙지 않는 뇌의 비밀

죽기 전까지 스마트한 사람들의 전두엽 단련법

와다 히데키 지음
이주희 옮김

포텐업

Secrets of the ageless brain

인지 능력이 높다는 것은
모호함을 견딜 수 있는 폭이 넓다는 말이다.

_본문 중에서

| 3장 | **죽기 전까지 스마트한 사람들의
전두엽 단련법**
5가지 원칙으로 뇌의 회로를 늘리자

| 4장 | 시행착오는 왜 뇌에 좋을까?
인풋 중심의 교육에서 아웃풋 중심의 교육으로

| 5장 | 100세 시대, 즐겁게 사는 사람들의 조건
자극이 없는 한, 뇌는 퇴화한다

| 6장 | **나이대별 전두엽 단련법**

40대 이후
의욕이 점점 사라진다면?

의욕을 관장하는 뇌, 전두엽

40대에 접어들면서 '뭔가 이상하다'라고 생각한 적은 없나
요? 50대나 60대, 70대도 마찬가지입니다. '의욕이 없다',
'아이디어가 잘 떠오르지 않는다', '매번 같은 작가의 책만
읽는다.' 같은 생각이 계속 든다면 주의하는 것이 좋습니다.
전두엽이 퇴화하고 있다는 신호일지도 모르기 때문입니다.

　물론 이것이 유일한 원인은 아닙니다. 신체 기능의 퇴화
와 그에 따른 질환, 자율신경과 호르몬 균형의 변화, 그리고

중장년층을 괴롭히는 무서운 마음의 병인 우울증 등 여러 원인이 있을 수 있습니다. 따라서 의사의 진찰 없이 선불리 단정 지을 수는 없지만, 대뇌의 일부인 전두엽이 '의욕을 관장하는' 중요한 역할을 하는 것은 확실합니다.

이것이 쇠약해지면 무슨 일을 하든 의욕이 떨어지는 게 당연합니다. 일에 대한 의욕을 잃으면 머리를 쓰지 않게 되고, 몸을 움직이기 싫어지면 운동도 안 하게 되겠지요. 맛있는 음식을 먹고 싶다는 생각이 들지 않으면 새로운 식당을 알아보지도 않게 될 겁니다.

전두엽은 언어를 조작하고, 정보를 처리하고, 감정을 조절하고, 운동 기능을 조절하는 등 그 사람의 '인간다움' 그 자체를 관장하는 역할을 하지만 그런 '자기다움'을 발휘할 수 있는 것도 의욕이 있어야만 가능합니다. 전두엽이 쇠약해지면 창의력과 끈기 모두 제대로 활용할 수 없다는 말입니다.

무기력이 대세가 된 사회

사실 정신과 의사로서 수십 년 동안 많은 노인들을 진료한 제가 지금 가장 위기라고 느끼는 것이 바로 이 문제입니다. 당신은 지금의 일본을 어떻게 생각하시나요?

'잃어버린 30년'이라는 말이 있습니다. 정치 사회 전반에서 혁신은커녕 오히려 '동조 압력'이라는 말이 일반화되고, '자숙 경찰', '마스크 경찰'일본에서는 코로나 방역 대책으로 자발적인 자숙을 요청했는데, 자숙을 실천하지 않는 사람을 자발적으로 적발해내고 공공연히 비난하거나 드물게는 직접적으로 위해를 끼치는 해프닝이 속출했다. 시민들이 서로를 감시, 적발하는 자생적인 단속반이라는 의미에서 '자숙 경찰' 혹은 '마스크 경찰'이라는 이름이 붙었다-옮긴이 등이 판을 치며 희망을 잃은 젊은이들이 자신의 무기력함을 인정하게 된 사회. 저는 지금 이 나라가 그렇게 보입니다.

왜 이렇게 되었을까요?

저는 그 이유가 전두엽이 퇴화하고 있기 때문이라고 생각합니다. 현재 일본인의 평균연령은 47.6세입니다. 평균수명이 아니라 평균연령을 말하는 것입니다. 이는 2022년 유엔 발표에 따르면 세계 2위입니다(1위는 54.5세인 모나코). 그 반면에 미국과 중국은 30대 후반, 인도와 인도네시아는 20대 후반입니다.

일본은 가장 먼저 인류가 한 번도 겪어보지 못한 초고령 사회로 진입한 나라이니 당연한 결과일 수도 있습니다. 하지만 여기서 가장 큰 문제는 인간의 뇌가 40대부터 본격적으로 노화되기 시작한다는 점입니다. 그리고 가장 먼저 퇴화하는 부위가 바로 전두엽입니다.

사회 구성원 중 대부분이 변화하려는 욕구, 정확한 판단과 창의성, 사회성, 계획성, 집중력, 사고력 등의 기능을 잃는다면 어떻게 될까요?

우리가 지금 직면하고 있는 것은 바로 이 '전두엽 기능부전 사회'가 아닌가. 저는 그런 의심이 듭니다. 하지만 전두엽은 단련할 수 있습니다. 나이와 상관없이 가능합니다.

이 책에서는 전두엽의 중요성과 함께 전두엽을 단련할 수 있는 방법을 이야기하려고 합니다. 만약 예전에 비해 의욕이 떨어졌다면 이 책을 통해 다시 아이디어가 넘쳐나고, 변화를 두려워하지 않고 도전하는 자신을 되찾을 수 있기를 바랍니다.

저는 여러 권의 책을 썼지만, 이 책이야말로 독자들에게 가장 전하고 싶은 내용이라는 것을 지금 뼈저리게 느끼고 있습니다. 우선은 독자 여러분이 변하기를, 그래서 이 사회 전체가 바뀌기를 바랍니다. 이 소원이 이루어지기를 진심으로 바랍니다.

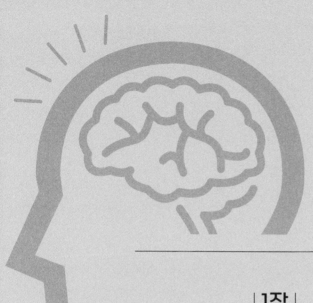

1장

뇌는 40대에
줄어들기 시작한다

'전두엽 기능부전 사회'에서
살아남기

Secrets of the
ageless brain

평균연령은 47.6세

2022년 『인구통계자료집』(일본사회보장 · 인구문제연구소)에 따르면, 일본인의 평균연령은 47.6세라고 합니다. 유엔이 2022년에 발표한 '세계인구추계'에서는 중위 연령이 48.7세였습니다. 중위 연령이란 나이가 많은 순서, 혹은 적은 순서로 나열했을 때 딱 가운데에 오는 나이를 말합니다. 이런 이야기를 들으면 어떤 생각이 드시나요?

위화감을 느끼나요? 아니면 '뭐 그런가 보다.'라고 생각하시나요?

대표적 가족 만화 〈사자에 씨〉를 한번 떠올려봅시다.

사자에 씨가 몇 살이었는지 알고 있나요? 원작에서 사자에 씨는 23세였고, 아들이 2세, 남편 마스오 씨가 32세였습니다. 사자에 씨의 아버지 나미헤이 씨가 54세, 어머니 후네 씨가 48세였다고 합니다. 이것이 1940년대부터 1950년대까지의 '평균적인 가정의 모습'이었던 것입니다. 1960년대 일본인의 평균연령은 약 29세로 사자에 씨나 마스오 씨에 가까웠던 것인데, 지금의 우리는 이미 나미헤이 씨나 후네 씨에 가까운 것이죠. 즉, 옛날 같으면 '할아버지ㆍ할머니'와 비슷한 나이대인 것입니다.

이런 인구 피라미드 유형을 이제 '항아리형'이라 부르고 있습니다. 약 100년 전인 1920년에는 어린이가 많고 노인이 적은 '후지산 형', 40년 전인 1980년대에는 '종형'이라 불렀습니다.

1차 베이비붐(1947~1949년) 시기에 태어난 사람들, 즉 단카이 세대가 30대로 현역 부모이고 2차 베이비붐(1971~1974년) 시기에 태어난 세대, 즉 단카이 주니어가 어렸을 때, 이 무렵에는 아직 고령자 수가 적어서 피라미드라고는 해도 끝이 뾰족하고, 중간에서 아래쪽으로 갈수록 몸통이 작아지는 종과 같은 모양이었던 겁니다.

그랬던 것이 지금은 저출산 고령화 때문에 종 바닥이 좁아져 항아리 모양이 되어버린 것입니다. 현재 단카이 세대는 후기 고령자가 되었고, 단카이 주니어가 50대에 접어들었으니 이 시대의 평균연령이 40대 후반이라 하더라도 이상할 게 없습니다.

그런데 지금의 40~50대를 보면 젊다는 생각이 들지 않나요? 열심히 일을 하고 있기 때문인지, 미용에 신경을 써서 젊음을 유지하고 있기 때문인지, 아니면 아직 연애를 왕성하게 하고 있기 때문인지, 개개인마다 그 이유는 다르겠지만 지금의 40~50대는 아직 젊다고 느껴집니다. 왜 그럴까요? 그 이유는 전체적인 평균연령이 높아졌기 때문이라고 생각합니다.

어찌 보면 당연한 일이죠. 인구 전체로 보면 50대 이상이 약 절반 이상을 차지하고 있기 때문에 40~50대는 드문 게 아닙니다. 아직은 노인 그룹으로 분류할 수도 없습니다.

그러나 아무리 자신이 젊다고 느낀다고 해도 뇌과학적으

로는 그렇지 않다는 것이 이 책의 주제입니다. 왜냐하면 뇌의 노화는 이미 40대부터 시작되었기 때문입니다.

그중에서도 가장 심각한 것이 전두엽의 노화라고 저는 생각합니다. 전두엽이 노화하면 개인의 활동 능력이 떨어집니다. 그뿐만 아니라 그런 사람들이 많아지면 나라 전체의 활력이 떨어지고 침체되기 마련입니다. 이미 그 침체는 시작되었을지도 모릅니다. 우선은 그 점부터 살펴보겠습니다.

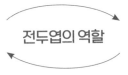

전두엽의 역할

그렇다면 우선 전두엽의 역할에 대해 알아볼까요?

사람의 뇌는 일반 성인의 경우 체중의 약 2%, 약 1.2~1.6kg 정도로, 대뇌, 간뇌, 중뇌, 소뇌, 연수, 척수 등의 부위로 나뉩니다. 전두엽은 대뇌의 앞쪽에 있습니다. 뇌를 위에서 보면 전두엽, 두정엽, 후두엽이 나란히 있고, 좌우에 측두엽이 위치해 있습니다. 그 안쪽에 대뇌변연계가 있습니다.

측두엽은 인간의 지능에 중요한 역할을 하는 언어 기능,

Q. 전두엽은 어떤 역할을 할까?

→ 집중력과 의욕을 관장한다.

→ 창의력을 발휘한다.

→ 감정을 조절한다.

→ 사회성을 관할한다.

→ 공감 능력을 발휘한다.

→ 통찰력으로 사물과 사건을 판단한다.

그리고 기억과 본능, 정서를 관장합니다. 안쪽의 대뇌변연계에는 해마라는 마치 바다 생물과 비슷한 모양의 부위가 있는데, 이것이 기억의 중추입니다. 두정엽은 몸 전체의 감각을 통해 얻은 형태, 무게, 촉감 등의 인상을 인식하고 그 정보를 통합하는 중추입니다. 자신의 위치나 방향 파악 같은 공간 인식과 복잡한 동작, 계산 등도 담당합니다. 후두엽에는 시각 중추가 있어서 시각 정보를 처리합니다. 색이나 모양, 밝기, 깊이, 움직임 등을 파악하는데 이러한 정보를 두정엽, 측두엽, 전두엽이 서로 교류하면서 '아, 차가 오고 있구나', '피해야겠다' 등의 판단을 하게 됩니다. 뇌라는 것은 이렇게 각 부위가 서로 연계되어 기능합니다. 대뇌변연계는 본능과 감정을 관장합니다.

대뇌가 발달한 것이 인간 뇌의 특징인데, 그중에서도 전두엽의 크기는 대뇌 전체의 약 30%를 차지합니다. 전두엽의 역할은 매우 다양합니다. 운동할 때, 말을 할 때, 울고 웃을 때 작용하는 것이 모두 전두엽입니다.

전두엽은 다시 '전두연합 영역', '브로카 영역', '전운동 영역', '운동보조 영역', '전두안구 영역', '일차운동 영역'으로 나눌 수 있는데, 각각 고도의 기능을 담당하고 있습니다.

그중에서도 '전두연합 영역'은 사고와 판단 같은 정보 처리, 집중력과 의욕, 감정 조절, 창의성, 계획성, 사회성과 같은 인간다움의 원천이라고 할 수 있는 역할을 담당합니다. 전두엽의 기능이 모두 밝혀진 것은 아니지만, 전두엽은 이른바 인간의 '지성' 그 자체를 관장하는 곳이라고 할 수 있습니다.

흔히 노인은 화를 잘 낸다고 하는데, 나이를 먹으면 화를 잘 내는 성격으로 바뀌는 것이 아니라 전두엽의 기능인 '감정 조절'이 잘 안 되는 것이라고 생각하는 게 좋습니다. 이는 분노라는 감정이 생겼을 때 '브레이크가 걸리지 않는다.'는 뜻입니다.

인류 역사상 최악의 수술, 로보토미

이렇게 수많은 기능을 관장하는 전두엽이 손상되면 무슨 일이 일어날까요?

전두엽의 일부를 절제하는 이른바 '로보토미 수술'이

1930년대에 고안되어 활발히 시행된 적이 있습니다. 약 100년 전만 해도 뇌 관련 지식은 완전히 미지의 영역이었기 때문에 이 사건은 인류 역사상 처음으로 전두엽이 주목받은 사례라고 할 수 있습니다. 이 수술은 포르투갈의 '에가스 모니스'라는 신경학자가 조현병을 치료하기 위해 만든 치료법이었습니다.

조현병은 생각과 감정이 뒤죽박죽이 되는 정신 질환입니다. 망상, 환각 등 극심한 고통에 시달리며 난폭한 상태가 지속되는 환자의 전두엽 일부를 잘라내면 흥분하는 증세가 진정된다는 것이 모니스의 연구(비록 인체 실험이지만) 결과였습니다.

두개골에 드릴로 구멍을 뚫고 전두엽의 일부를 잘라내는 수술이지만, 이때 전두엽 외에는 건드리지 않습니다. 따라서 측두엽과 전두엽이 담당하는 언어 능력이나 계산 능력에는 영향을 미치지 않으며, 수술 후 환자의 지능은 수술 전과 차이가 없습니다.

즉, 지능은 그대로 유지하면서 사나운 성격을 온순하게 만들 수 있는, 조현병을 치료할 수 있는 획기적인 수술로 평가받았던 겁니다. 로보토미 수술은 2차 세계대전 중과 전후에 걸쳐 전 세계적으로 폭발적으로 확산되어 미국에서만 약 4만 명이 수술을 받은 것으로 알려져 있습니다. 모니스는 이 공로를 인정받아 1949년 노벨상을 수상하기도 했습니다.

그런데 이 수술을 받은 환자들에게는 과연 무슨 일이 일어났을까요?

놀랍게도 로봇처럼 무기력해지고, 심지어 완전히 식물인간 상태가 된 사람들이 속출했습니다. 전두엽의 기능 중 하나가 의욕을 관장하는 것이기 때문이죠. 그러니 타인의 지시에 따라 움직이는 로봇처럼 바뀌는 게 무리가 아니었습니다.

그러자 이 수술에 대해 점차 비윤리적, 비인도적이라는 여론이 거세졌습니다. 명작 〈뻐꾸기 둥지 위로 날아간 새〉에 등장하는 것도 바로 이 수술입니다. 결국 인체 실험에 가까운 로보토미 수술은 '저주받은 수술', '인류 역사상 최악의 수술'이라 불리게 되었고 모니스가 받은 노벨상도 박탈해야 한다는 여론이 일어났습니다. 노벨상을 박탈당하지는 않았지만, 모니스는 65세 때 자신이 치료했던 전 환자에게 총격을 당해 하반신 마비로 여생을 보냈습니다.

참고로 로보토미라는 명칭은 로봇(robot)과는 상관이 없고, lobotomy로 표기합니다. 'lobe(엽)'를 '자르다(-otomy)'

라는 의미입니다.

아무튼 전두엽이 손상되면 사람은 로봇처럼 변한다는 것을 기억해야 합니다.

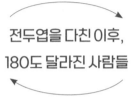

전두엽을 다친 이후,
180도 달라진 사람들

전두엽 손상이 사람에게 어떤 영향을 미치는지 또 다른 예를 들어보겠습니다.

저명한 신경과학자 안토니오 다마지오라는 사람이 쓴 『데카르트의 오류; 감정, 이성, 그리고 인간의 뇌』(NUN, 2017)라는 책이 있습니다. 세계적인 베스트셀러가 되었기 때문에 아는 사람도 많을 겁니다. 다마지오는 현재도 남가주대학에서 전두엽을 연구하고 있습니다.

『데카르트의 오류』에 소개된 인물 중 한 명은 피네아스 게이지라는 19세기 미국의 유명한 철도 노동자입니다.

성실하고 부지런한 성격의 게이지는 철도 공사 감독으로

서도 유능했습니다. 열정적이고 책임감이 강해 부하 직원들의 존경을 받는 인물이었는데, 철도 연장 공사 중 화약 폭발 사고를 당합니다. 직경 약 3.8센티미터, 길이가 1미터가 넘는 철봉이 왼쪽 눈을 뚫고 정수리 쪽으로 두개골을 관통한 대형 사고였습니다.

보통 이런 사고를 당하면 죽는다고 생각하기 쉽겠죠. 그런데 놀랍게도 게이지는 사고 후 몇 분도 지나지 않아 일어나서 대화를 나누고, 다른 사람의 도움 없이 거의 혼자 걸어서 숙소로 돌아갔다고 합니다.

한동안 혼수상태에 빠지긴 했지만 게이지는 목숨을 건졌고, 몇 달 뒤에는 정상적인 생활을 할 수 있었습니다.

하지만 이 사고 이후 게이지의 성격은 180도 바뀌어버렸습니다. 전과 달리 무례한 태도를 취하기 시작했고, 고집을 부리다가도 갑자기 우유부단해지거나 계획을 세웠다가도 금방 포기해버리는 등 기존의 성격과는 전혀 다른 모습을 보였다고 합니다. 주변 친구나 지인들이 "그 사람은 더 이상 게이지가 아니다."라고 말할 정도였다고 합니다.

게이지가 사고를 당한 것은 1848년이었습니다. 왼쪽 전두엽의 대부분이 손상된 것으로 추정되며 이 사건으로 다음과 같은 사실을 알 수 있습니다. 바로 인간은 전두엽을 다쳐도 살 수 있지만 성격이 180도 바뀔 수 있다는 것입니다.

다마지오가 책에서 소개한 또 다른 인물은 다마지오가 실제로 진료한 엘리엇이라는 30대 남성입니다. 엘리엇은 유능한 회사원이었습니다(다마지오는 환자들의 신상 정보가 노출되지 않도록 경력 등을 바꿨기 때문에 직업은 확실하지 않지만 유능한 사람이었던 것은 확실합니다). 그는 불행히도 젊은 나이에 수막종을 앓았고 검사 결과 전두엽을 압박하는 종양이 발견됐습니다. 수술을 통해 종양은 무사히 제거된 것으로 보였지만, 수술 이후 엘리엇은 게이지와 마찬가지로 완전히 다른 사람이 되어버렸습니다.

공감 능력이 매우 뛰어나며 업무에 대한 열정이 넘치던 엘리엇은 종양 제거 후에는 일을 중간에 포기하거나, 하지 않아도 될 서류 분류를 하루 종일 반복했습니다. 서류를 읽고 쓰는 것은 이전과 다름없이 할 수 있었고 지능 검사에서도 이상은 없었지만, 타인에 대한 공감 능력이 떨어지고 감정 조절이 안 되어 결국 직장을 잃게 되었다고 합니다.

다마지오가 엘리엇의 전두엽을 다시 검사해봤더니 종양을 무사히 제거했다고 생각했던 전두엽의 내부가 상당히 손상된 상태였다고 합니다. 여기서 다마지오는 게이지의 사례 말고도 이런 이상 증세를 보이는 환자가 있다는 것을 깨닫게 되었는데, 이 역시 전두엽이 성격이나 개성을 관장하고 있다는 것을 증명하는 예가 될 수 있습니다.

한편, 뇌과학자 나카노 노부코 씨에게 들은 이야기인데, 나카노 씨의 학생 시절, 도쿄대 선배 중에 오른쪽 전두엽이 없는 사람이 있었다고 합니다. MRI 검사를 통해 처음으로 전두엽이 없다는 것을 알게 되었다고 하는데, 이 사람의 사례를 보면 전두엽이 없어도 사람은 살아갈 수 있고, 성격이 반드시 망가지는 것도 아니며, 도쿄대에 합격할 정도로 똑똑할 수도 있다는 걸 말해주기도 합니다. 그렇다면 전두엽이 관장하는 것은 무엇일까요?

IQ와 EQ

다마지오가 언급한 전두엽을 잃은 사람의 사례는 미국의 심리학자이자 과학 저널리스트인 대니얼 골먼이 쓴 『감성지능』(비전비엔피, 1996)에도 등장합니다.

아시다시피 IQ란 지능지수를 뜻합니다. 영어 Intelligence Quotient의 줄임말이죠. 골먼이 소개하면서 널리 퍼진 EQ란 Emotional Intelligence Quotient의 줄임말로 '마음의 지능지수' 등으로 번역됩니다. 골먼은 1990년대에 이 책을 통해 조직의 리더에게 필요한 자질로 EQ를 소개했고, 세계적인 베스트셀러가 되면서 널리 알려졌습니다.

사실 이 EQ의 5대 요소는 현대의 전두엽 연구자들이 '전두엽의 작용을 나타내는 것'이라고 생각하는 것과 거의 일치합니다. EQ는 종종 오해받기 쉬운 개념이지만, EQ 연구가 시작된 이유는 하버드 같은 명문 대학을 졸업한 IQ가 매우 높은 사람도 사회적 성공을 거두지 못하는 경우가 많았기 때문입니다. 인생에서 성공을 이끄는 요인 중 IQ와의 관련성은 기껏해야 20퍼센트 정도였기 때문입니다. 그 이유를 찾고자 했던 것이 출발점이었습니다. 즉, EQ가 높으면 IQ가 필요 없다는 것이 아니라, IQ 이외에 사회생활에서 성공하기 위해 필요한 요소는 무엇인가라는 것이 EQ 연구의 주안점이라는 것을 기억해야 합니다. EQ의 5대 요소란 다음과 같습니다.

자기 인식(자신의 감정, 열정, 가치관, 목표 등이 타인에게 미치는 영향에 대한 인식)

자기 억제(자신의 파괴적인 감정이나 충동을 억제하는 능력)

동기 부여(성과를 향한 열정, 성취감 부여)

공감 능력(사람들에 대한 배려)

소셜 스킬(타인과 조화로운 인간관계를 관리할 수 있는 능력)

앞서 소개한 회사원 엘리엇은 전두엽을 다치기 전에는 타인에 대한 공감 능력이 좋았고, 업무상의 소셜 스킬도 갖추고 있었습니다. 하지만 전두엽이 기능을 잃은 후에는 그것들을 잃어버린 것처럼 보입니다. 철도 노동자 게이지의 경우도 사고 후의 일화 등을 조사해보면 자기 억제나 소셜 스킬을 잃어버린 것으로 보입니다. 두 사람 모두 지능은 변하지 않았다고 하니, 전두엽이 망가지면 IQ는 그대로지만 EQ가 떨어진다고 할 수 있겠습니다.

앞에서 간단히 설명했지만, 전두엽의 역할 중 하나로 '감정 조절'이 있습니다. 전두엽이 제대로 작동하면 분노나 슬픔 등 부정적인 감정이 생겨도 행동에 제동을 걸 수 있습니다. EQ의 요소로 치면 '자기 억제'라고 할 수 있습니다. 게이지나 엘리엇이 '성격이 변했다.'는 말을 듣게 된 것은 이 기능이 없어졌기 때문입니다.

그들은 집중력이나 의욕 같은 것들도 잃어버린 것으로 보이는데, 이는 EQ의 요소 중 '자기 인식'이나 '동기 부여'에 해당합니다. 창의성이나 계획성도 마찬가지일 것입니다.

사고와 판단, 언어를 다루는 능력을 잃으면 '자기 인식'이나 '공감 능력', '소셜 스킬'도 잃게 됩니다. 사회성도 EQ의 요소인 '공감 능력'과 '소셜 스킬'이 있어야만 존재할 수 있습니다.

감정을 통제하는 사령탑, 전두엽

자, 그렇다면 당신과 주변 사람들은 어떤가요?

EQ의 5대 요소에 비추어보면 전두엽 셀프 체크가 어느 정도 가능하니 꼭 한번 해보시기 바랍니다.

'자기 억제'가 잘 안 되는 사람, '자기 인식'을 못 하는 사람, 보고 있으면 왠지 모든 일에 의욕이 없는 것처럼 보이는 사람. 혹시 주변에 그런 사람은 없나요?

20년 전, '분노한 청소년'이 크게 이슈가 된 적이 있습니다. 2000년 전후로 10대 청소년들이 살인을 비롯한 흉악 범죄를 연이어 일으켰기 때문입니다. 이는 언론에서 크게 다뤄졌고, 소년법 개정의 계기가 되었습니다.

화를 낸다는 것은 그야말로 전두엽의 기능이 미숙하기 때문에 생기는 일입니다. 뇌가 완성되는 시기는 25세 전후라고 합니다. 뇌는 엄마 뱃속에 있을 때부터 계속 성장하는데, 전두엽이 가장 나중에 성숙합니다. 청소년들이 '자기 인식'이나 '자기 억제'에 미숙한 것은 어찌 보면 당연하다고도 할 수 있습니다.

그런데 최근 들어 '분노하는 노인', '폭주하는 노인'이 화제가 되고 있습니다. 단순히 편협해진 노화의 일종으로 치부되기도 하고, 치매 초기 증상으로 보는 시각도 있습니다. 자율신경이나 호르몬 균형의 교란 때문이기도 하겠지요. 하지만 저는 이것도 어느 정도 전두엽의 퇴화 현상과 관련이 있을 거라고 생각합니다. 전두엽의 기능이 떨어지면 우선 감정 조절이 잘 안 되기 때문이죠.

'자기 억제'가 잘 안 되는 사례로는 스토커나 폭언, 난폭 운전이나 괴롭힘을 일삼는 사람을 떠올리는 사람도 있을 겁니다. 평소에는 얌전하고 이성적이던 사람이 점원이나 역무원의 태도가 나쁘거나, 길에서 어깨를 부딪쳤다거나 하는 사소한 일에 불같이 화를 내는 것을 본 적이 있지 않나요? 모두 전두엽의 기능에 문제가 생겼을 가능성을 생각해봐야 합니다.

이런 사례는 학력이나 사회적 지위와 무관합니다. 오히려 평소에 성실하고 '반드시 이래야 한다.'는 생각이 강한 사람일수록 자제력이 떨어지면 화를 내는 경향이 있습니다.

명문대를 졸업하고 국회의원이 된 사람이 비서의 사소한 실수에 고함을 질러서 문제가 된 사례, 폭언과 갑질로 문제가 된 정치인을 자주 봅니다.

최신 뉴스나 인터넷상의 언행을 보면 이런 '화를 잘 내는' 사람이 무척이나 많아진 것 같습니다. 전철 안에서 담배 피우는 것을 지적하자 오히려 화를 내며 심한 폭행을 가한 사건도 있었습니다. 이 모든 사례에서 전두엽이 제대로 기능했다면 분노라는 감정은 충분히 억제할 수 있었을 것입니다. 자신의 사회적 지위나 처한 상황, 문제 해결 방법 등이

머릿속에 떠올랐을 것입니다. 적어도 폭력을 휘두르는 일은 없었을 것입니다.

사람의 감정은 대뇌변연계라는 전두엽보다 훨씬 안쪽, 뇌의 가장 안쪽에 있는 깊은 영역에서 발생합니다. 그 감정에 대해 지금까지의 경험과 지식을 동원해 행동에 제동을 거는 역할을 하는 것이 바로 전두엽입니다.

그런데 전두엽의 기능이 저하되면 자신의 경험과 지식이 오히려 '그래야만 한다', '왜 그렇게 되지 않는가?'라는 생각으로 강화되어 분노와 슬픔이 증폭됩니다.

전두엽에는 통찰력이라는 '숨겨진 규칙을 찾아내는' 혹은 '갑자기 변경된 규칙의 변화를 알아차리는' 기능도 있는데, 이것이 작동하지 않으면 '요즘 시대에 이런 발언은 부적합하다.'는 판단도 할 수 없게 됩니다. 그래서 이럴 때는 끓어오르는 감정을 억제할 수 없게 됩니다. 분노 조절을 할 수 없게 되는 거죠.

요즘 많이 발생하는 '보복 운전'도 마찬가지입니다. 앞차가 너무 느려서 짜증이 난다고 반사적으로 보복 운전을 한다면 어떻게 될까요? 잠시만 생각해봐도 알 수 있습니다. 경찰에 잡히면 운전면허는 취소되고 징역을 살 수도 있고 혹은 벌금을 내게 될 수도 있습니다. 가족, 친척, 회사 동료나 이웃들의 시선도 달라질 것입니다. 그런데도 자제할 수 없다면 이것은 뇌가 정상적으로 작동한다고 할 수 없습니다. 특히 감정을 통제하는 사령탑인 전두엽이 제대로 기능하고 있는 건지 의심해봐야 합니다. 그렇다면 왜 이런 '전두엽 기능부전'이 발생하는 것일까요?

전두엽은 40대부터 줄어들기 시작한다!

원래 인간의 뇌는 나이가 들수록 크기가 줄어듭니다. 전두엽도 예외는 아닙니다. 오히려 가장 먼저 줄어들기 시작하는 것이 전두엽입니다. 이는 약 35년간 의료 현장에서 만 명 이상이나 되는 노인의 뇌를 CT, MRI 영상을 통해 살펴본 제가 실제로 확인한 사실입니다.

나이가 들면 신경세포는 줄어들고, 작아지고, 위축됩니다. 20대부터 하루 만 개의 신경세포가 줄어든다고 합니다. MRI

나 CT 영상을 보면 치매에 걸리지 않았더라도 노인들의 뇌는 어느 정도 용량 자체가 줄어들어 있습니다. 건강한 경우에도 90세 노인의 뇌는 60세 때보다 약 5~7% 정도 가벼워진다는 연구 결과도 있습니다.

뇌의 위축은 노년층에서만 일어나는 것은 아닙니다. 뇌의 외상이나 뇌혈관 질환, 치매 등으로도 발생하지만, 알코올 과다 섭취와 흡연, 스트레스 등 다양한 요인으로 뇌는 위축됩니다. 이른 경우 40대 초반부터 뇌가 줄어들기 시작하는데, 특히 현저히 줄어드는 것이 전두엽입니다. 40대 초반에도 두개골과 전두엽 사이에 큰 틈이 생긴 경우를 저는 여러 번 목격했습니다. 위축의 속도와 정도는 개인차가 크지만, 50~60대에 전두엽이 크게 줄어든 사례는 드물지 않습니다. 원인은 여러 가지로 알려져 있지만, 사람에 따라서는 40대 후반부터 늘어나는 뇌내 노화 물질의 영향이라고도 봅니다.

앞에서도 언급했지만, 전두엽이 '완성'되는 시기는 측두엽, 후두엽, 두정엽 등보다 늦은 20대 중반이라고 합니다. 그런데 이렇게 가장 늦게 발달하는 전두엽이 가장 먼저 노화하는 것으로 알려져 있습니다.

애초에 전두엽의 기능 자체는 20대를 정점으로 저하됩

니다. 전두엽의 역할 중 생각하기, 기억하기, 아이디어 내기, 감정 조절하기, 판단하기, 적용하기 등의 지적 능력을 '인지 기능'이라고 하는데, 이 인지 기능 중 순발력이 필요한 정보 처리 능력이나 기억력은 18세 전후에 최고조에 달한다고 합니다.

어휘력이나 언어 이해력과 같이 60대에서 70대에 걸쳐 정점을 찍는 능력도 있지만, 대부분의 뇌 기능은 나이가 들면서 저하됩니다. 실감한 적은 별로 없겠지만, 우리 모두는 20대 이후 계속해서 늘어나는 능력으로 감소하는 능력을 어떻게든 보완하며 일상을 영위하고 있는 것입니다. 그런데 그 하락분을 보충할 수 없게 되면 어떻게 될까요? 그때서야 비로소 자신의 노화를 실감하겠지만 사실 뇌의 노화 자체는 이미 오래전에 시작된 거라고 보면 됩니다.

뇌의 노화는 전두엽부터 시작됩니다. 그리고 전두엽은 감정 조절을 담당합니다. 따라서 전두엽의 노화는 감정의 노화이기도 합니다.

앞에서 언급했듯이 감정 조절이 어려운 사람들이 늘어나고 있습니다. 게다가 젊은이들뿐만 아니라 나이 든 어른이나 노인들 중에도 일정 수 이상 존재하는 것이 현실입니다.

한편, 우리는 이미 절반 이상이 40대 후반 이상이고, 40대 이상은 전체의 60%를 넘습니다. 게다가 빠르면 40대 초반부터 전두엽 노화가 시작된다는 사실을 상기하면 섬뜩한 결론이 떠오릅니다. 바로 '국민의 60%가 전두엽 기능부전일지 모른다.'는 현실입니다.

당신 주변에는 지적으로 뛰어난 사람이 많아 보일지도 모릅니다. 기억력도 확실하고 계산도 빠르며, 시사에 밝고 항상 근거에 입각한 발언을 하는 사람 말이죠. 하지만 그런 사람도 실제로 조사해보면 전두엽만 위축되어 있는 경우가 적지 않습니다.

나이가 들어 전두엽의 기능이 떨어져도 그에 비해 측두엽이나 두정엽의 기능은 의외로 떨어지지 않는다고 합니다. 측두엽은 기억과 언어 정보를 관장하고, 두정엽은 계산 문제를 처리할 때 사용됩니다. 전두엽이 쇠퇴해도 어려운 문장은 이해할 수 있기 때문에 나이가 들어도 경제신문이나 문예지, 고전 문학을 읽고 그 내용을 전달할 수 있습니다. 숫자 정보 처리나 기억력 문제라면 전두엽이 거의 사용되지 않기 때문입니다.

하지만 그런 사람들이 정작 중요한 순간에 감정을 조절할 수 있을까요? 아니면 혁신을 일으키거나 변화를 두려워하지 않고 새로운 도전을 할 수 있을까요?

전두엽이 진가를 발휘하는 것은 '미지의 세계'에 직면했을 때입니다. 감정 조절은 그중 한 가지 예에 불과합니다.

어디까지나 추론에 불과하지만, 저는 평균연령 상승에 따라 노화하기만 하는 지금 상황이 역시 나이와 함께 쇠퇴하는 전두엽의 '기능 저하'와 궤를 같이 하고 있다는 생각을 지울 수가 없습니다.

그리고 그와 동시에 이런 상황을 바꿀 수 있는 방법도 있다고 생각합니다. 나이를 먹으니까 뇌가 퇴화하는 건 그저 당연한 일이라고 생각하는 것 말고 분명 다른 대안을 찾을 수 있을 겁니다. 다음 장부터는 이에 대해 생각해봅시다.

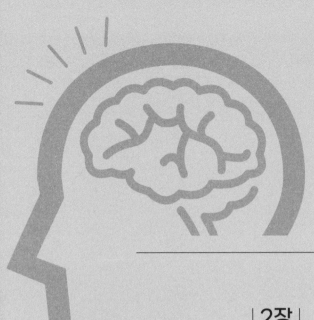

| 2장 |

전두엽 기능부전의
7가지 증세

나의 전두엽은 괜찮을까?

Secrets of the
ageless brain

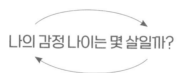

나의 감정 나이는 몇 살일까?

나이가 들수록 뇌는 줄어들고 특히 전두엽의 기능은 20대가 절정이라는 사실을 알고 나서 실망하셨나요?

그러나 꼭 낙담할 일은 아닙니다. 무슨 일이 생기면 소리부터 꽥 지르고, 옛날이야기를 반복하고, 현역 시절의 지식에서 더 나아가지 못한 채 어딘가에서 들었을 법한 이야기만 늘어놓는 그런 노인이 분명히 있기는 합니다. 그런 한편,

나이에 상관없이 활기차게 지내는 고령자를 만난 적은 없나요? 열정적으로 활동하며 화제도 풍부하고 상대를 배려하는 능력도 뛰어난, 밝은 표정의 매력적인 노인도 분명 있습니다. 같은 노인인데 왜 이런 차이가 생기는 걸까요?

사실 최신 뇌과학 연구에서는 전두엽도 단련을 하게 되면 기능이 유지되거나 오히려 향상되기도 한다는 것이 밝혀졌습니다. 세계보건기구(WHO)도 2019년 '인지 기능 저하 및 치매 리스크 감소'라는 가이드라인을 공표하며 금연, 운동, 건강하고 균형 잡힌 식사와 함께 비만, 고혈압, 고지혈증, 당뇨병, 우울증에 대한 대책, 인지 훈련을 권장하고 있습니다. 반대로 말하면 관리를 하지 않으면 전두엽의 기능은 점점 떨어지기만 한다는 말입니다. 운동하지 않으면 하체가 약해지는 것과 마찬가지입니다.

지능이라는 것은 저하하기만 하는 것은 아닙니다. 현재, 지능이라는 것은 유동성 지능(fluid intelligence)과 결정성 지능(crystallized intelligence)으로 구분되고 있습니다. 처리 속도나 직감 능력, 법칙을 발견하는 능력 등 새로운 정보를 획득하여 처리, 조작하는 지능을 유동성 지능이라고 부르는데, 이것은 20대에 정점을 찍은 후 저하합니다. 그와 반대로 언어 능력, 이해력, 통찰력과 같은 개인이 오랜 기간에 걸쳐 경험하며 교육과 학습 등으로 얻은 지능을 결정성 지능이라고 하는데, 이것은 60대, 70대가 되어도 떨어지기는커녕 오히려 높아진다는 보고도 있습니다.

판단력과 추리력, 발상력, 기억력, 계산 능력 등은 이 두 가지 지능이 모두 중요하게 작용하는데 이러한 능력도 55~60세까지는 높게 유지되며, 뚜렷하게 감소하는 것은 80세 이후라는 연구도 있습니다. 그렇다면 능력을 떨어트리지 않으려면 어떻게 해야 할까요?

우선 자신의 상태가 어떤지를 확인해야 합니다.

책 말미에 '감정 노화도 테스트'를 넣어두었습니다.

1장에서 전두엽의 노화는 감정의 노화이기도 하다고 했는데, 과연 당신의 감정 노화도는 어느 정도인가요? 우선은 솔직한 마음으로 자신의 '감정 나이'를 측정해보세요(210쪽 참조).

'건망증=치매'가 아니다

테스트를 해보니 어떤가요? 실제 나이보다 감정 나이가 젊게 나와서 안심했나요? 아니면 감정 나이가 높게 나와서 실망했나요?

혹시 노화 현상이라고 하면 바로 건망증을 떠올리지는 않나요?

저는 어렸을 때부터 영화를 좋아해서 지금도 자주 보는데, 분명 아는 얼굴인데 배우의 이름이 떠오르지 않을 때가 많습니다. 여러분도 가게에 갔는데 무엇을 사러 온 것인지 기억이 나지 않는다거나, 아침 뉴스에서 본 새로운 제도의 명칭이 도무지 떠오르지 않을 때는 '혹시 치매의 시작인가?'라고 불안한 마음이 들었을 겁니다.

하지만 이런 종류의 건망증은 치매나 뇌에 돌이킬 수 없는 문제가 생겼다기보다는 '기억력 장애'로 크게 걱정할 필요가 없는 증상인 경우가 대부분입니다. 잠시 후 기억이 나거나 힌트를 통해 기억을 떠올렸다면 정상 수준이라고 할 수 있습니다.

최근 연구에 따르면 사람 뇌의 기억 용량은 기존에 추정했던 크기의 10배, 약 1페타바이트(petabyte=천 테라바이트, 100만 기가바이트)에 이른다고 합니다. 서류가 빽빽하게 들어찬 4단 책장의 2000만 개 분량이라고 하니, 대형 도서관의 장서를 통째로 담을 수 있는 수준을 넘어선 것입니다. 이렇게 상당히 거대한 저장 장치를 갖고 있음에도 중년 이후가 되면 잊어버리는 일이 많아지는 것은 이 저장 장치에서 데이터를 꺼내는 것이 잘 안 되기 때문이라고 합니다.

사람은 나이를 먹으면서 매일 새로운 정보를 뇌에 덮어씌우며 저장합니다. 매일 사용하는 컴퓨터도 사용하지 않는 앱을 삭제하거나 디스크를 정리하지 않으면 움직임이 느려지는 것처럼, 수십 년 동안 방대한 데이터를 저장할 수 있는 인간의 두뇌도 무턱대고 인풋(입력/기억)만 계속하면 아웃풋(출력/상기)이 어려워지는 것입니다.

정보를 인풋하는 능력을 '기명력', 아웃풋하는 능력을 '상기력', 기억을 유지하는 능력을 '유지력'이라고 합니다. 기억에는 기명, 유지, 상기라는 단계가 있다는 말이죠. 이 중 어딘가에 장애가 있으면 '기억 장애'라고 하는데, 치매인지 아닌지는 이 기억 장애만으로는 판단할 수 없습니다.

기억은 또한 1분 이내의 일을 기억하는 '단기 기억', 몇 분에서 며칠 전까지의 '근시 기억', 며칠에서 몇 년 전의 '원격 기억'으로 나뉩니다. 이것이 혼란스럽거나, 가령 날짜와 장소, 인물 등을 알 수 없게 되는 것을 '지남력 장애'라고 합니다. 정신과 의사들이 치매 여부를 진단할 때 신경 쓰는 것은 바로 이 지남력 장애의 여부입니다.

전두엽 기능부전①
'보속증(保続症)'

저는 환자의 치매가 의심되는 경우, 보통 오늘 날짜를 가장 먼저 묻습니다. 날짜를 대답할 수 있다면 기억력은 대체로 정상이고, 설령 치매라 하더라도 매우 경미한 수준이라는 판단을 내립니다. 매일 바뀌는 날짜라는 새로운 정보를 인풋하고 유지하고 아웃풋할 수 있다는 것은 근시 기억도 정상이라는 뜻입니다.

치매가 진행되면 날짜를 대답하기 어렵지만, 오늘 날짜

를 모르는 사람도 생년월일은 대답할 수 있는 경우가 많습니다. 나이는 1년 동안 바뀌지 않기 때문에 중간 정도에 해당합니다. 나이를 대답하지 못하면 생년월일을 물어봅니다. 이것도 의외로 다들 잘 기억하는 편입니다. 생년월일은 평생 변하지 않기 때문이죠.

이렇게 기억 장애의 정도를 알아보는데, 전두엽 기능에 장애가 있으면 "아, 이상하다?"라는 대답이 돌아올 때가 있습니다. 오늘 날짜를 물으면 "○월 △일입니다."라고 정답이 나오는데, 생일을 물어도 "○월 △일입니다."라고 같은 대답을 하는 사람이 있습니다.

이런 사람에게는 "356+284는 몇입니까?"라고 물어봅니다. 640이라고 정답을 말하기 때문에 계산 능력은 멀쩡하다는 것을 알게 되지만, "489+313은 몇입니까?"라고 물어도 똑같이 "640입니다."라고 대답합니다.

즉, 질문은 달라졌는데 같은 대답을 반복하는 것입니다. 지능은 떨어지지 않았는데 뇌의 전환이 잘 되지 않는 것, 이를 '보속증(保続症, perseveration)'이라고 합니다.

보속증을 통해 전두엽의 기능을 알아보고자 하는 실험이 있었는데, '위스콘신 카드분류검사(WCST)'라고 합니다.

지금은 전두엽 기능의 장애 여부를 검사할 때 쓰이는 국제적인 기준이 되었습니다.

이 검사에서는 트럼프 같은 카드를 사용하는데, 카드에는 빨강, 초록, 노랑, 파랑의 네 가지 색으로 구분된 동그라미, 삼각형, 별, 십자라는 네 가지 기호가 각각 인쇄되어 있습니다.

즉 색깔, 모양, 숫자로 종류를 구분할 수 있는 카드인 셈인데, 실험 대상자가 미리 제시된 카드를 보고 색깔 순서인지, 숫자 순서인지 등의 규칙성을 예측해서 다음 카드를 꺼내는 간단한 분류 검사라고 할 수 있습니다. 카드를 배열하는 순서는 검사를 진행하는 측에서 수시로 변경합니다.

예를 들어 숫자만 보면 '4, 1, 3, 2, 4, 1, 3, 2' 순서로 카드가 나왔다고 가정해봅시다. 그러면 실험 대상자는 '4 다음은 1이네', '1 다음은 3이구나'라는 규칙을 파악하여 "이다음에는 어떤 카드를 내면 좋을까요?"라는 질문에 4라는 카드를 내놓습니다. 당연히 정답입니다.

이렇게 숫자만 따라가면 규칙을 알 수 있다는 테스트를 3번 정도 반복한 후에, 검사하는 측은 실험 대상자에게 알리지 않고 규칙을 변경합니다. 지금까지 숫자순이었던 것을 색상순으로 바꾸는 것입니다. 이제 색상은 '파랑, 노랑, 초록, 빨강, 파랑, 노랑, 초록, 빨강'과 같은 규칙이 생겼지만, 숫자를 보면 당연히 뒤죽박죽입니다. 이때 "다음에는 어떤 카드를 내면 좋을까요?"라고 묻습니다.

정상인이라면 2번 정도 더해보고 정답을 맞힙니다. 규칙이 바뀌었다는 것을 깨닫고 새로운 규칙에 대응하는 거죠. 그 후에도 순서를 기호로 바꾸거나 숫자로 되돌리기도 하면서 실험이 계속되는데, 이때 보속증이 있는 사람은 좀처럼 정답을 맞히지 못합니다. 전두엽 기능이 떨어져 있기 때문입니다. 이는 젊은 사람에게서도 나타나는 현상으로, 전두엽 기능이 좋지 않은 사람은 이 테스트를 통해 쉽게 드러납니다. 세상의 새로운 규칙이나 관습을 따라가지 못한다면 '보속증', 즉 전두엽의 퇴화를 의심해볼 수 있습니다.

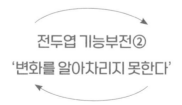

전두엽 기능부전②
'변화를 알아차리지 못한다'

전두엽에는 이렇게 '숨겨진 규칙을 알아차린다', '규칙 변경을 알아차린다.'는 기능이 있습니다.

만약 우리 조상들이 수풀 끝에 절벽이 있다는 걸 알아차리지 못하고 '여기까지 평평한 초원이었으니 수풀 너머도 그럴 것이다.'라는 생각으로 뛰어들었다면, 절벽에서 떨어져 죽었을 것입니다. 이렇듯 변화의 조짐을 알아차리는 것은 생사를 가르는 일이었습니다.

즉, 눈앞의 상황이 바뀌었을 때 이를 알아차리거나 새로운 상황에 어떻게 대처할 것인지를 궁리하는 것도 전두엽의 몫이라고 할 수 있습니다. 전두엽은 예상치 못한, 경험해보지 못한 상황에 직면했을 때 활발해집니다. 즉, 과거 경험이나 지식을 통합해 새로운 방법을 모색하는 기능을 합니다. 창의력과 상상력의 원천이라고 할 수 있습니다.

굳이 스티브 잡스 등의 예를 들지 않더라도 비즈니스 세계나 정치 세계에서, 혹은 스포츠의 세계에서도 예상치 못한 상황이 벌어지거나 규칙이 바뀔 때가 있습니다. 또는 자신이 기존 상식에 얽매이지 않고 혁신을 일으키려면 남들이 알아차리지 못한 변화의 징후를 놓치지 않는 것이 중요합니다.

그런데 전두엽이 퇴화하면 어떻게 될까요? 그런 변화도 간과할 것이고, 변했다는 사실조차 알아채지 못할 수도 있습니다. 뇌가 전환되지 못하는 것입니다. 1장에서 전두엽의 기능 중 하나로 감정 조절을 언급했습니다. 이 기능이 약해지면 감정의 전환도 어렵습니다. 분노가 잘 가라앉지 않거나, 슬픔에서 벗어나지 못하거나, 언제까지고 실패의 기억을 끌고 가는 것도 전두엽의 기능이 떨어졌기 때문입니다. 실제로 나이가 들수록 변화를 싫어하는 경향이 강해집니다.

전두엽의 영향인지는 모르겠지만, 이사를 완강히 거부하는 노인의 이야기를 들으면 그럴 만도 하다는 생각이 듭니다. 한편으로는 자식들이 걱정해서 가까이 살자고 권한다면 이사를 해도 되지 않을까 하는 생각도 듭니다. 물론 다른 곳으로 이사를 하면 생활환경도 바뀌고, 이웃과의 관계도 다시 시작해야 합니다. 싫든 좋든 새로운 환경에 노출될 수밖에 없습니다. 처음 경험하는 일에 적응하지 못할 것 같아 불안해질 수도 있습니다.

극단적인 예이기는 하지만, 에도 시대의 우키요에 화가인 가쓰시카 호쿠사이는 89세의 나이로 죽을 때까지 이사를 93번이나 했다고 합니다. 75세를 넘긴 후에도 의욕적으로 창작 활동을 계속해서 남긴 작품도 약 3만 점이나 됩니다. 일설에는 단순히 청소를 싫어했다는 이야기도 있지만, 독보

적인 이사광이었던 희대의 예술가가 평생 창작 욕구를 유지
했다고 하니, 나이와 행동력, 새로운 것에 대한 대응은 나이
와는 무관한 게 아닌가 싶습니다.

자식들 집 근처로 이사를 가면 손자를 금방 만날 수 있다
거나 고독사를 피할 수 있다는 장점도 있습니다. 그럼에도
'지금 상태가 좋다.'고 생각한다면 그것도 자신의 선택이기
는 하겠지만 변화에 도전하는 의욕이 사그라들었기 때문이
기도 합니다. 비단 고령자뿐만 아니라 '모르는 것, 경험하지
않은 것은 받아들이기 싫다', '변화 때문에 손해를 볼 가능성
이 있다면 현상 유지가 낫다.'는 부정적인 사고방식을 '현상
유지 편향'이라고 합니다.

만약 웬만하면 변화가 없는 상태를 선호하게 되었다면,
새로운 것을 담당하는 전두엽의 기능이 퇴화하고 있다고 추
측해볼 수 있습니다.

전두엽 기능부전③
'원 패턴'

변화를 싫어하게 되면 어떻게 될까요? 당연히 행동도 한 가지 패턴으로 굳어지게 됩니다.

다음과 같은 행동을 취하고 있다면 주의하세요.

외식은 언제나 같은 식당에서 한다.

같은 작가나 같은 장르의 책만 읽는다.

산책이나 조깅 코스가 언제나 똑같다.

헤어스타일이나 옷차림에 신경 쓰지 않게 되었다.

한 가지라도 해당되는 항목이 있다면 노란불입니다.

'현 상황을 바꾸고 싶지 않다', '오히려 편안하다', '지금 이대로가 좋다.'는 전례 답습적 사고는 전두엽이 작동하지 않는 상태라고 할 수 있습니다. 전두엽은 사용하지 않으면 퇴화합니다. '그 식당으로 충분하다.'고 결정해버리면 전두엽은 활성화되지 않습니다. 앞서 말했듯이 전두엽이 활성화되는 것은 예상치 못한 상황에 직면했을 때, 미지의 세계에 도전할 때입니다. 새로운 식당을 알아보면서 '이 식당은 어떨까?', '이 메뉴는 맛있을까?'라는 고민을 하지 않으면 전두엽은 편안할지 모르지만 점점 쇠약해질 뿐입니다.

현역 시절에 주어진 업무가 복잡할수록(기술 습득, 새로운 도전이 필요한 경우 등) 나이가 들었을 때 인지 능력이 높다는 연구 결과도 있습니다. 같은 작가의 책만 읽는 것, 같은 산책 코스를 선택하는 것, 늘 비슷한 옷을 입는 것도 마찬가지입니다. 한 번도 해보지 못한 경험을 해야 전두엽은 활발해지니까요.

그런 의미에서 보면 전두엽은 가능한 한 편한 것을 추구하는 성향을 갖고 있는지도 모릅니다. 변화는 확실히 귀찮은 일이고, 현대 사회는 곤란하게도(혹은 고맙게도) 아무 생각 없이도 편안하게 지내는 것이 가능합니다. 게다가 서로 의견을 나누지 않고 매사를 결정하는 것을 좋게 여기는 풍조도 있습니다.

회사에서 의욕적인 젊은이가 참신한 기획을 내놓았다고 가정해봅시다. 그런데 "우리 회사에서는 그런 일을 해본 적이 없어서……."라며 상사에게 거절을 당합니다. 이런 상황이 대표적인 전례 답습적 사고라고 할 수 있습니다. 전례가 없다는 것은 사실 이유가 될 수 없습니다. '생각'이라는 전두엽을 활성화시키는 중요한 기능을 수행하지 않고, 기획의 좋고 나쁨을 판단하는 것은 '전두엽 기능부전'이라고 할 수밖에 없습니다.

물론 전례를 따르는 것에도 장점은 있습니다. 시간을 들이지 않고도 합리적인 판단을 내릴 수 있다는 측면이 분명 존재하니까요. 내용을 일일이 검토할 필요 없이 기존의 사례와 대조하기만 하면 되기 때문에 매우 효율적이라고 할 수도 있습니다.

단, 그 회사의 현재 실적이 좋거나 현상 유지를 원한다면 말입니다. 이대로는 안 되겠다, 혹은 현재가 힘든 상황에서 새로운 아이디어를 고려하지 않고 무시한다면 그 회사의 미래는 암울할 수밖에 없습니다. 사람의 경우 기업과 달리 가만히 놔두면 전두엽의 기능이 약해집니다. 자신의 행동이 한 가지 패턴이 되었다면 한번쯤 전두엽의 기능부전을 의심해봐야 합니다.

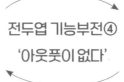

전두엽 기능부전④
'아웃풋이 없다'

같은 이야기를 반복해서 하는 것도 노화가 아닌가 불안해하는 사람이 많습니다.

똑같은 이야기를 몇 번이고 반복하는 노인을 보면 괴롭습니다. 물론 하는 사람 입장에서도 상대가 전에도 들은 적이 있다고 대꾸하면 충격을 받기도 합니다.

물론 이미 말했다는 사실을 잊어버리는 기억 장애일 수도 있지만, 이것도 '보속증'의 일종이라고 볼 수 있고, 변화를 싫어하는 뇌의 노화 현상이라고도 볼 수 있습니다. 따라서 똑같은 이야기를 반복하지 않도록 주의하는 것이 좋겠지만, 동시에 꼭 알아야 할 점이 있습니다.

바로 전두엽의 중요한 역할 중 하나가 '아웃풋'일 수도 있다는 점입니다. 이런 관점에서 생각하면 '같은 말을 하는 것'도 나쁘다고 할 수만은 없습니다.

실어증이라는 증상이 있습니다. 많은 사람들이 오해하고 있는 것 같은데, 이는 일반적으로 '감각성 실어증'과 '운동성 실어증'으로 나뉩니다. 감각성 실어증은 사람이 하는 말을 잘 알아듣지 못하는 것을 말합니다. 말을 이해하지 못하기 때문에 대화를 할 수 없습니다. 다른 사람의 말에 맞장구를 칠 수 없고, 이해할 수 없는 말만 계속 하거나 필담도 할 수 없게 됩니다. 말하자면 인풋을 할 수 없는 상태입니다. 말뿐만 아니라 글도 이해할 수 없습니다. 만약 필담을 나눌 수 있다면 실어증이 아니라 난청입니다. 운동성 실어증은 하고 싶은 말이 있어도 말로 표현할 수 없는 상태입니다. 이는 상대방의 말은 알아듣지만, 자신의 머릿속에 있는 개념을 아웃풋할 수 없는 상태를 말합니다.

전자는 왼쪽 측두엽에 뇌경색이나 뇌종양이 발생했을 때 흔히 볼 수 있는 증상이며, 후자는 전두엽이 손상되면 발생한다고 알려져 있습니다. 이 사실을 미루어 짐작해보면 전두엽은 아웃풋, 측두엽은 인풋 담당으로 보입니다.

그러니까 옛날이야기를 하는 것, 즉 아웃풋이 이루어지고 있다는 것은 전두엽을 사용한다는 뜻이니 꼭 나쁜 것만은 아니라는 거죠. 오히려 아웃풋이 전혀 없다면 그것이 더 걱정입니다. 그래서 노인들이 여러 번 같은 이야기를 반복한다면 따뜻한 시선으로 지켜봐주었으면 좋겠습니다. 기억 장애일 가능성은 있지만, 뇌의 노화는 느려질 테니까요.

원래 우리는 아웃풋을 잘 못합니다. '모난 돌이 정 맞는다.'는 속담이 있고, 화합이 미덕인 사회 문화에 익숙해져 있기 때문입니다. 물론 이런 문화가 나쁜 면만 있는 것은 아니겠지만 뇌과학의 측면에서 보면 '전두엽을 사용하지 않는' 상태라고 할 수 있습니다.

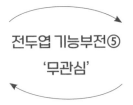

전두엽 기능부전⑤
'무관심'

앞에서는 '아웃풋'에 문제가 생기는 경우를 소개했는데, 전두엽의 기능이 저하되면 '인풋'에 문제가 생기는 경우도 있습니다.

앞장에서 소개한 철도 노동자 게이지와 회사원 엘리엇은 전두엽에 손상을 입어 타인에 대한 관심과 공감 능력을 잃어버렸습니다. 로보토미 수술 후 환자들은 분명 긴장이나 흥분 등의 증상은 완화됐지만, 로봇처럼 수동적이고 무기력하며 감정 반응이 전반적으로 떨어지고 자신과 주변 사람들에 대한 관심도 사라졌습니다.

이는 뒤에서 다룰 '의욕 감퇴'와도 큰 연관이 있습니다. 치매 환자에게서도 비슷한 상태를 볼 수 있는데, 이를 '무감각증, 무관심(apathy)'이라고 합니다. 원래는 사회학에서 쓰이던 개념으로 '사회적 사건에 대한 무관심'을 뜻하는 말인데, 심리학이나 정신의학에서도 쓰이면서 외부 사건뿐만 아니라 자기 자신에 대해서도 무기력하고 무관심한 상태도 가리키게 되었습니다. 이 역시 최근 들어 전두엽의 손상 때문에 발생할 수 있다는 사실이 밝혀졌습니다.

얼핏 우울증으로 보일 수도 있지만, 우울증은 정신적 침체를 동반하는 반면, 무관심은 마음의 기복이 특별히 없습니다. 자해나 폭력 등의 문제 행동이 없는 경우가 많기 때문에 주변에서 알아차리기가 어렵습니다. 항우울제를 복용해도 효과를 보기 어렵습니다.

지능이 떨어지거나 가치관이 변하는 것도 아니어서 심리 검사에서도 이상이 발견되지 않습니다. 모든 일에 관심이 없기 때문에 그날 입을 옷을 고른다거나 무엇을 먹을까 하는 수준에서 사고가 멈춰버립니다. 자기 자신에 대해서도 방관자가 되는 상태로, 그 원인에는 여러 가지가 있지만 간병 등의 돌봄 노동을 하느라 피로가 누적되었거나, 사랑하는 반려동물을 잃은 후 무력감에 빠졌기 때문일 수도 있습니다.

물론 무기력증은 우울증의 증세이기도 합니다. 갑상선기능저하증이나 갱년기, 특히 남성의 경우 남성호르몬 부족 때문에 생기는 남성갱년기증후군, 만성피로증후군 등에서도 나타난다고 하니 걱정이 된다면 꼭 의사에게 진단을 받아보세요.

인간은 본래 주변 환경과 자신의 상태를 파악하며 생존해 온 생물이고, 전두엽의 중요한 기능인 '변화를 알아차리는 능력'도 주변과 자신에 대한 관심이 있어야만 가능한 일입니다.

'새로운 화제나 뉴스에 관심이 없어졌다', '업무와 관련된 정보 습득에 신경 쓰지 않는다.'는 생각이 든다면 우선 전두엽이 퇴화하고 있는 건 아닌지 의심해봐야 합니다.

전두엽 기능부전⑥
'외로움'

앞의 항목과도 관련이 있지만, 자기 자신과 주변 사람들에게 관심을 잃으면 어떻게 될까요? '외로움' 역시 전두엽의 기능 저하 때문일 수도 있습니다.

EQ의 5대 요소 중 '자기 인식'이 있었던 것을 기억하나요? 이것은 '자신의 감정, 열정, 가치, 목표 등이 타인에게 미치는 영향에 대한 인식'이라고 설명했는데 이는 어디까지나 타인이 존재한다는 전제하에서 생각한 자기 인식입니다. 물론 '공감 능력'이나 '소셜 스킬'과 같은 요소도 타인의 존재가 필수적입니다.

지금까지 많은 고령자들을 만나면서 느낀 것은 대인관계와 공감 능력을 담당하는 것은 전두엽이 아닐까 하는 것이었습니다. 상대방의 입장에 서서 상대방의 마음을 상상하는 능력, 공감하는 힘 말이죠. 조직 안에서 자신의 역할을 생각하는 것이나 부부간의 대화에도 전두엽이 큰 역할을 한다고 생각합니다. 그러니 전두엽의 기능이 저하되면 이러한 능력들도 점점 사라지게 됩니다. 자기 인식이 왜곡되고, 공감 능력이 떨어지고, 소셜 스킬이 사라지면 그 후에 남은 것은 외로움입니다. 외로움은 자기 인식을 더욱 왜곡시키고, 그에 따라 공감해줄 사람이 더욱 줄어들면 소셜 스킬이 떨어지는 악순환이 반복됩니다.

2022년에 발표된 보스턴대학의 연구에 따르면, 중년 이후 지속되는 만성적인 외로움은 인지 기능의 저하를 불러일으키고, 특히 기억과 실행 기능에 해당하는 뇌 영역이 축소되는 현상에 영향을 끼친다고 합니다. 외로움이 뇌를 위축시키고 치매와 같은 질병의 원인이 될 수도 있다는 뜻입니다. 또 다른 연구에서도 중년 이후 만성적인 외로움을 느끼는 사람은 그렇지 않은 사람에 비해 치매 위험이 두 배나 높다는 보고가 있었습니다.

이때의 외로움이란 '혼자 산다'는 것과는 무관합니다. 단지 자신이 외롭다고 느끼는지의 여부입니다.

외로움은 비만이나 하루 15개피 이상의 흡연보다 더 건강에 나쁠 수 있으며, 수명에도 영향을 미치는 것으로 알려져 있습니다. 영국에서는 2018년에 '외로움 담당 장관'을 임명했는데, 외로움 때문에 생긴 국가 경제적 손실이 약 4.8조엔이라는 연구 결과가 있었기 때문이라고 합니다. 외로움에 관한 연구는 일일이 열거할 수 없을 정도로 많은데, 외로운 사람의 사망 위험은 약 1.9배, 치매에 걸릴 확률도 약 1.5배, 뇌졸중과 심장병에 걸릴 확률도 약 1.3배가 높다고 합니다. 외로울수록 자살률과 범죄율이 높아진다는 보고서도 있습니다.

본래 인간은 사회적 동물이기 때문에 무리를 지어 살아가는 것이 기본적인 본능입니다. 뇌도 그렇게 설계되었다고 보는 것이 자연스럽고, 언어를 조작하고 상대를 배려하는 기능을 담당하고 있는 전두엽은 바로 그 '인적 네트워크 구축' 영역에서 중추적 역할을 한다고 할 수 있습니다.

그러니 그 기능이 떨어지면 자연스럽게 외로움을 느끼게 되고, 외로움이 전두엽의 기능을 더욱 떨어뜨리는 것은 이미 살펴본 바와 같습니다. 자신의 사회 참여가 줄어들었거나 혹은 '요즘 그 사람이 안 보이던데 어떻게 지내려나'라는 생각이 든다면, 한번쯤 신경을 써보는 것도 좋겠습니다.

전두엽 기능부전⑦
'의욕이 없다'

이 장에서 마지막으로 다룰 것은 '의욕'입니다. 앞장에서는 많이 다루지 않았지만, 전두엽이 관장하는 중요한 역할 중 감정 조절이라는 기능이 브레이크 역할을 한다면, 의욕은 엔진과 같은 존재입니다. '그 사람다움'을 형성하는 원천이라고 할 수 있습니다. 의욕이 없으면 언어를 구사하는 능력도, 감정과 운동을 조절하는 능력도 아무 소용이 없습니다.

다만 식욕과 수면욕, 성욕과 같은 본능적인 욕구는 전두엽보다 훨씬 더 안쪽에 있는 대뇌변연계라는 곳에서 나옵니다. 대뇌변연계는 대뇌 중에서도 전두엽, 측두엽, 두정엽, 후두엽이 속한 '신피질'에 비해 계통발생학적으로 오래된 부분입니다. 어류도 갖고 있는 가장 오래된 부분인 원피질, 양서류 이상이 갖고 있는 고피질을 포함하며 신피질로 덮여 있습니다. 포유류가 살아가는 데 필요한 본능적인 행동, 즉 먹는 것, 잠을 자는 것, 자손을 남기기 위한 구애 행동, 집단 행동, 희로애락을 느끼는 것 등을 관장합니다.

실제 메커니즘은 아직 연구 중이라 밝혀지지 않은 부분도 많지만, 전두엽이 관장하는 의욕이란 '목표를 달성하자!' 또는 '페널티를 받지 않도록 노력하자!'와 같은 것입니다. 즉, 전두엽의 역할 중 하나인 '계획성'이 관여하며, 뇌의 '보상계' 또한 중요한 역할을 하는 것으로 보입니다.

보상계란 무언가를 성취했다고 생각하거나 누군가에게 칭찬을 받았을 때 활성화되는 신경망으로, 신경전달물질이자 뇌내 호르몬인 도파민이 분비되어 의욕이나 성취감이 생긴다고 알려져 있습니다.

이 도파민은 자신에게 좋은 결과가 생겼을 때도 분비되지만, 가장 분비되기 쉬운 때는 사실 그 이전에 설레고 두근거릴 때입니다. 큰 프로젝트가 진행 중일 때, 무언가 성공이 눈앞에 보일 때, 연애가 이루어질 것 같을 때 느꼈던 설렘과 두근거림을 상상하면 됩니다. 도박 등을 할 때에도 그 기분을 느낄 수 있기 때문에 이 느낌을 너무 많이 추구하면 중독될 위험이 있습니다. 이 때문에 '뇌내 마약'이라고 부르기도 하지만, 사람의 의욕을 북돋는 중요한 물질임에는 틀림없습니다.

전두엽에는 이 도파민 수용체가 많이 분포되어 있기 때문에 의욕을 관장하는 것으로 알려져 있습니다. 그러니 전두엽의 기능이 저하되면 당연히 의욕이 떨어집니다.

심각한 경우 '의욕 장애' 등으로 진단되지만, 뇌경색이나 치매, 우울증, 조현병 등에 의해서도 발생할 수 있으며, 갱년기 장애가 원인인 경우도 있습니다. 도파민 외에도 정신을 안정시키는 신경전달물질인 세로토닌의 합성 장애가 원인이 되는 경우도 있기 때문에 일률적으로 말할 수는 없지만, 전두엽의 퇴화가 한 가지 원인이라고 분명 의심해볼 수 있습니다.

1장에서도 언급했지만, 제가 지금 가장 걱정하는 것이 바로 이 점입니다. 인간 활동의 출발점은 의욕이라고 해도 과언이 아닙니다. 의욕이 없으면 혁신도 일어나지 않고 변화도 일어나지 않으며, 현상 유지, 전례 답습이 당연시됩니다.

회사원은 40대가 되면 이후의 출세 코스가 대략 보이기 시작합니다. '지금 직급으로 충분하다', '무리해서 승진하는 것보다 정시에 퇴근해 집에서 저녁을 먹는 게 낫다.'고 생각하는 사람도 있습니다. 혹은 젊은 사람이라도 미래에 대한 희망과 전망이 없어서 매일 정해진 일상을 소화하며 안정적으로 사는 것이 목표인 사람도 있습니다.

Q. 전두엽의 기능이 떨어지면 어떤 일이 일어날까?

→ 어떤 질문을 해도 같은 대답을 반복한다.

→ 변화를 받아들이지 못한다.

→ 언제나 한 가지 패턴만을 고집한다.

→ 의사 표현을 잘 하지 못한다.

→ 세상일에 관심이 없다.

→ 주변에 있던 사람들이 다 떨어져 나간 후 극심한 외로움에 시달린다.

→ 새로운 일을 시작할 의욕이 없다.

물론 안정 지향이 꼭 나쁜 것만은 아닙니다. 다만 우려되는 것은 전두엽을 잘 쓰지 않게 되면 그 기능이 점점 줄어들 수밖에 없다는 사실입니다. '100세 시대'라 불리는 이 시대에 의욕을 잃고 도전과 변화를 멀리하고 현상 유지를 추구하는 사람만 늘어난다면 세상은 앞으로 어떻게 될까요?

전두엽이 미숙했던 10대 시절을 떠올려보세요.

그때는 '고기를 무한정으로 먹고 싶다', '며칠이고 게임을 하고 싶다', '그/그녀와 계속 데이트를 하고 싶다.' 등 욕망에 한계가 없었습니다. 우리는 나이를 먹으면서 전두엽이 성장하고, 자기 절제를 익히고, 감정을 조절하는 법을 배웠습니다. 성숙한 사회성을 획득하는 것은 어쩌면 필요한 일이었을지도 모릅니다.

하지만 세월이 흐른 지금, 그 자기 절제가 오히려 전두엽의 퇴화를 초래하고 있다면?

우리는 우선 의욕을 되찾는 것부터 시작해야 합니다. 그러기 위해서는 전두엽을 단련해야 합니다. 이제 다음 장에서는 활기차고 생동감 넘치는 자신을 되찾기 위해 해야 할 일을 이야기해보겠습니다.

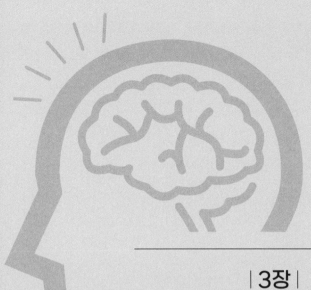

| 3장 |

죽기 전까지
스마트한 사람들의
전두엽 단련법

5가지 원칙으로
뇌의 회로를 늘리자

Secrets of the
ageless brain

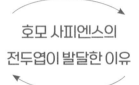

호모 사피엔스의
전두엽이 발달한 이유

이 장에서 가장 먼저 전하고 싶은 것은 전두엽의 각 기능은
'예상치 못한' 상황에서 가장 잘 작동한다는 것입니다. 실제
로 인류는 다양한 위기와 어려움을 맞았지만 그때마다 상황
에 맞게 대처하고 감정과 신체를 조절하며 살아남았습니다.
그 조상들의 후예가 바로 지금의 우리입니다. 상황이 이전과 다른 국면에 접어들었을 때 다른 것을 시도하는 기능, 새로운 패러다임 속에서 새로운 삶의 방식을 모색할 수 있는 기능, 한마디로 '어떤 환경에서도 꿋꿋하게 살아남는' 기능입니다.

사람 이외에도 뇌가 큰 동물은 있지만, 전두엽이 이렇게 큰 동물은 사람 말고는 없습니다. 우연히 석기를 만들 수 있게 된 원숭이나 유인원은 있었지만, 호모 사피엔스처럼 진화하지는 못했습니다. 이는 시행착오를 겪지 않았기 때문이라는 설이 최근 제기되고 있습니다. 호모 사피엔스가 석기를 더 뾰족하게 만들거나 재질을 바꾸는 등 실패를 반복하면서 조금씩 개선했던 반면, 다른 생물은 그러지 못했다는 겁니다. 신기하게 발달한 전두엽 덕분에 온갖 것을 개량하고, 그것이 인간의 생존을 가능케 했다고 봐도 무방할 것 같습니다.

지금까지의 루틴이 통하지 않게 되거나 패러다임이 바뀌는 상황은 현대에도 종종 일어납니다. 지금까지 하던 방식이 통하지 않는 상황에 직면했을 때 대응하는 것이 바로 전두엽이기 때문에 이 기능을 반드시 효과적으로 사용해야 합니다.

의학 상식만 보더라도, 예전에는 '마가린이 버터보다 몸

Q. 전두엽의 회로를 늘리려면 어떻게 해야 할까?

→ 의견이 다른 상황에서 양쪽 다 일리가 있다는
  전제로 생각해본다.

→ 한 번도 시도해보지 않은 일을 찾아서
  '첫 경험'을 해본다.

→ 주 2회 30분 이상 땀이 날 정도로 운동한다.

→ 날마다 사람들에게 연락해서 대화를 나눈다.

→ 뭔가를 '인풋'했다면 반드시 '아웃풋'하는
  습관을 들인다.

에 좋다.'는 말이 있었지만, 지금은 그런 말을 하는 사람이
거의 없습니다.

지금의 정답이 10년 후, 20년 후에도 정답일 확률은 오히
려 낮을 수도 있다는 겁니다. 세상은 변한다는 전제하에 사
물을 생각하는 사람, 전두엽을 잘 쓰는 사람이 오래 살아남
을 수 있을 거라고 저는 생각합니다.

7080도 뇌의 회로를 늘릴 수 있다

그렇다면 실제로 전두엽을 단련하는 것은 가능할까요?

일반적으로는 다양한 원인으로 이미 위축된 뇌는 다시 회
복할 수 없다는 것이 현대 의학의 입장입니다. 전두엽도 마
찬가지입니다.

다만 손실된 신경세포 대신 손상을 입지 않은 다른 신경세
포가 회로를 형성하면서 다시 네트워크를 만들어낸다는 사
실은 알려져 있습니다.

최근에는 뇌신경세포(뉴런)가 나이와 상관없이 계속 늘어

난다는 것도 밝혀졌습니다. 다만 나이가 들어도 새로운 뉴런을 만들 수는 있지만, 뉴런과 뉴런 사이를 연결하는 시냅스를 만드는 힘과 산소를 운반하는 능력이 떨어지면 인지 능력도 떨어질 수 있다고 합니다.

중요한 것은 아마도 뇌를 자극하고 뇌의 혈류를 촉진하는 것입니다.

'뇌활'이나 '두뇌 훈련'이라 불리는 것이 있습니다. 사고나 질병으로 뇌에 손상을 입은 사람의 재활이나 정신 질환 치료에 사용되기도 하는데, 어떤 종류의 두뇌 훈련을 하면 70~80대 노인의 경우에도 뇌의 기능이 상승할 수 있다고 합니다.

특정 훈련을 계속 하다 보면 그 훈련에 능숙해지는 것은 당연한 일입니다. 사실 다른 테스트에서는 점수가 오르지 않는다는 게 밝혀졌기 때문에 단순한 자기만족에 불과하다는 비판도 분명 있습니다.

다만 여기서 분명한 것은 70~80대가 되어도 뇌의 기능이 확실히 좋아질 수 있다는 사실입니다. 아이들처럼 극적으로 올라가지는 않지만, 즉 신경세포가 네트워크를 만드는 속도는 젊었을 때보다 느릴 수 있지만, 어떤 기능을 훈련시키면 꽤 나이가 들어서도 뇌의 기능이 좋아진다는 사실이 밝혀졌습니다.

새로운 경험 등으로 뇌가 활성화되면 뉴런과 뉴런의 연결고리인 시냅스가 늘어납니다. 이 회로가 늘어나면 신경전달물질의 분비량도 증가하여 많은 정보를 전달받을 수 있습니다. 즉 뇌가 더 활성화되는 선순환이 만들어집니다. 다만 이런 회로는 사용하지 않으면 사라진다는 사실을 꼭 기억해야 합니다.

인간이 사용하는 뇌의 영역은 전체의 몇 퍼센트 정도에 불과하다는 말이 있습니다. 물론 이를 그저 괴담 정도로 생각하는 사람도 있습니다. 하지만 전두엽의 기능이 떨어져도 실어증 등으로 일상생활에 지장을 줄 정도가 아니라면, 기능이 더 떨어지는 것을 막을 수는 있습니다. 다시 말해 전두엽을 1%라도 더 효과적으로 사용할 수 있다면 인생이 더 풍요롭고 즐거워질 수 있다는 말입니다. 변화에 휩쓸리고 새로운 패러다임을 맞았을 때, 그런 것은 존재하지 않는다는 듯이 무시하기보다는 변화를 받아들이고 새로운 패러다임에 도전하는 것이 전두엽에 자극이 되고 결과적으로 건강과 장수로 이어집니다.

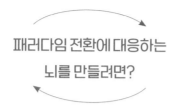

패러다임 전환에 대응하는
뇌를 만들려면?

구체적인 훈련법에 들어가기에 앞서 한 가지 더 언급하고 싶은 것은 우리가 애초에 패러다임 전환에 약한 민족이라는 점입니다.

전쟁 후에 무슨 일이 일어났는지는 어느 정도 알고 있을 겁니다. 저 역시 실시간으로 겪은 것은 아니지만, 교과서 내용이 수정되는 것부터 신헌법 제정에 이르기까지 곳곳에서 패러다임의 전환이 일어났습니다. 그 당시 평균연령이 젊었던 것과도 큰 관련이 있을 것입니다. 1950년 일본인의 평균연령은 만 26.6세. 앞서 언급한 만화에서 사자에 씨가 23세, 마스오 씨가 32세였다는 것은 당시 평균연령에 맞춘 것이겠지요.

20대 중반의 뇌는 거의 완성형입니다.

그 당시 국가 전체적으로 젊은 뇌가 많았기 때문에 전쟁에 패한 이후 사회의 패러다임이 큰 변화를 겪었지만 그에 잘 부응해서 다시 일어날 수 있었던 것이죠.

그런데 사자에 씨가 40대로, 마스오 씨가 50대로 보일 정도로 평균연령이 높아진 지금 우리의 뇌는 어떨까요?

이것은 제가 속한 의학계의 이야기입니다만, 현대 의료 현장에서는 '기준치 절대주의'라는 것이 만연합니다. 이는 검사 결과 수치가 기준치를 벗어나면 자동으로 약물 복용을 권유하거나 식이 제한을 하는 것을 말합니다. 기준치란 성인 검사 결과의 평균치이며 환자마다 수치의 의미는 다를 수 있습니다. 애초에 평균치가 나온다고 건강이 보장되는 것도 아닙니다.

그러나 '메타보(대사증후군) 검진' 같은 것이 도입되면서 의사들은 이 기준치를 달성하기 위해 혈안이 되어 있습니다. 그런데 이 메타보 대책이라는 것은 서양에서 시작된 개념으로, 미국에서는 사망 원인 중 상당 부분이 심장병이기 때문에 비만 대책을 세우기 위해 만든 것입니다. 서양과 달리 일본에서는 암으로 죽는 사람이 심근경색으로 죽는 사람보다 두 배나 많습니다. 식습관도 전혀 다릅니다. 상황이 이런데도 미국의 데이터를 그대로 따르는 것이 맞는 것일까요? 저는 의문을 갖지 않을 수 없는데, 대부분의 의사들과 의대 교수들조차 아무런 비판 없이 이 방식을 택하고 있습니다. 실제로 메타보 검진이라는 것은 체질량지수(BMI, 체중을 신장의 제곱으로 나눈 값)를 비만의 척도로 삼기 때문에 세계보건기구는 BMI를 '18.5~25'에 맞추도록 지도하고 있습니다. 하지만 2006년에 발표된 미국의 추적 검사에 따르면 BMI가 25~29.9인 비만형이 가장 오래 살고, 오히려 18.5 미만인 마른형의 사망률이 비만형의 2.5배였습니다.

일본의 연구 결과에서도 40세 시점에서 평균적으로 남은 수명이 가장 긴 쪽은 BMI가 25 이상 30 미만인 비만형으로, 남성이 41.6년, 여성이 48.1년으로 나타났습니다. 참고로 BMI가 18.5 미만인 마른형의 평균 남은 수명은 남성 34.5년, 여성 41.8년으로 비만형이 오히려 7년이나 더 오래 산다는 말입니다.

콜레스테롤은 모두 나쁜 것일까?

미국 국립보건원 산하 기관에서 실시한 다음 연구 역시 환자에게 정상 수치를 강요하는 것의 폐해를 단적으로 보여줍니다.

당뇨병 환자 약 1만 명을 대상으로, 혈당 상태를 나타내는 헤모글로빈 수치를 정상치인 6% 미만으로 설정한 '강화요법군'과 7% 이상 8% 미만으로 설정한 '표준요법군'으로 나누어 조사했는데, 3년 반 동안 관찰한 결과 강화요법군의 사망률이 표준요법군보다 더 높은 것으로 나타났습니다.

영국 카디프대학에서 진행된 연구에서도 헤모글로빈 수치가 7.7%일 때 사망률이 가장 낮고, 11.0%가 되면 사망률이 79% 높아지며, 반대로 6.4%까지 낮아져도 사망률이 52% 높아지는 것으로 나타났습니다.

당뇨병의 경우 무리하게 정상 수치로 맞추려고 하면 저혈당을 일으켜 심부전 등의 합병증으로 이어질 수 있습니다. 그러므로 강화요법으로 사망률이 높아졌다고 추정할 수 있습니다.

건강검진이나 의사의 지도가 필요 없다는 말을 하려는 것이 아닙니다. 적절한 치료는 사망률을 낮춥니다. 다만, 수치가 좋아졌다고 해서 반드시 사망률이 낮아지는 것은 아니며, 오히려 맹목적으로 정상 수치를 추구하는 것이 더 위험하다는 것을 적어도 의사라면 알고 있어야 한다는 말입니다.

핀란드 보건국이 1974~1989년에 실시한 콜레스테롤 수치 등이 높은 40~45세 남성 1200명을 대상으로 한 조사 연구도 있습니다. 4개월마다 건강검진을 실시하여 수치가 높은 사람에게는 약을 처방하고 염분 제한 등 건강관리를 하는 '개입군' 600명, 그리고 건강관리에 개입하지 않는 '방치군' 600명으로 나누어 추적 관찰한 결과, 개입군이 방치군보다 암뿐만 아니라 심혈관 질환의 발생률과 사망률, 자살률이 더 높았습니다.

콜레스테롤에 대해서도 혼동하는 사람이 많습니다.

콜레스테롤이라는 것은 원래 세포막의 주원료로 인간이 살아가는 데 꼭 필요한 물질입니다. 음식으로 섭취하는 것은 약 20% 정도이고, 나머지는 간에서 만들어지는 것으로 알려져 있습니다. 콜레스테롤은 혈액에 녹지 않기 때문에 이를 간에서 몸속 곳곳으로 운반하기 위해 LDL 콜레스테롤이 생산되고, 다시 회수하여 간으로 운반하기 위해서는 HDL 콜레스테롤이라는 것이 생산됩니다. 흔히 전자는 '나쁜 콜레스테롤', 후자는 '좋은 콜레스테롤'이라고 불립니다. 하지만 둘 다 중요한 역할을 하는 것은 확실합니다.

전자가 너무 많아지면 혈관 벽으로 들어가 동맥경화의 원인이 된다고 알려져 있어 순환기내과 의사가 보기에는 나쁜 놈으로 보이겠지만, 면역학자의 말을 빌리자면 콜레스테롤은 면역세포의 재료가 되기 때문에 수치가 높은 사람일수록 면역력이 높다고 합니다. 또한 콜레스테롤은 뇌에 세로토닌을 운반하는 역할도 하기 때문에 수치가 높은 사람일수록 우울증에 잘 걸리지 않는다는 보고도 있습니다. 노인 의학에서도 콜레스테롤 수치가 높은 사람일수록 남성호르몬이 많기 때문에 나이가 들어도 활동성이 높다는 연구 결과가 있습니다. 콜레스테롤 수치가 약간 높은 사람이 질병이 적고 오래 살 수 있다고 주장하는 의학자들도 있습니다.

콜레스테롤을 나쁜 놈으로만 간주하던 후생노동성도 2015년에는 섭취 제한을 폐지했습니다. 계란이나 고기 등을 얼마든지 먹어도 괜찮다는 뜻인데, 제가 하고 싶은 말은 콜레스테롤뿐만 아니라 '이쪽에는 나쁘지만 저쪽에는 좋은 것'이 여전히 존재한다는 사실입니다. 이것은 비단 의학계에 국한된 것만은 아닐 것입니다.

10년, 20년이 지나면 의학 상식도 바뀔 때가 많습니다. 세상은 변한다, 패러다임은 변한다는 전제하에, 즉 '전두엽을 항상 작동시켜 두는 것'을 우리는 반드시 의식해야 합니다.

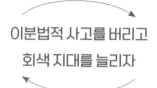

이분법적 사고를 버리고
회색 지대를 늘리자

1장에서도 잠깐 언급했지만, 우리의 뇌, 특히 전두엽은 편한 것을 좋아합니다. 일을 효율적이고 빠르게 처리하길 원하고, 이미 알고 있는 지식을 측두엽에서 끌어내어 눈앞의 일을 해결할 수 있다면 자동적으로 그렇게 할 것입니다. 지식이 많은 사람일수록 그런 루틴에 능숙할 것이고, 생각을 하는 데도 지름길이 있다는 의미에서는 확실히 편리하고 사용하기 좋은 뇌라고 할 수 있습니다.

하지만 그것만으로는 전두엽이 작동하지 않는다고 저는 생각합니다.

'인지적 성숙도'라는 말이 있습니다. 쉽게 말하면 모호함을 견딜 수 있는 능력으로, 흑백이 아닌 회색 지대를 받아들일 수 있어야 '인지적 복잡성이 높다.'고 할 수 있는데, 바로 그런 사람이 인지적 성숙도가 높은 사람입니다.

세상에 일어나는 일들은 대부분 흑백으로 판단할 수 없는 경우가 많습니다. 하지만 나이가 들어 전두엽의 기능이 저하되면 인지적 복잡성이 낮은 사고방식을 갖게 됩니다. 흑과 백으로 결론을 내리고 회색 지대는 인정하지 않게 되는 것입니다. 이것이 정신의학에서 말하는 '이분법적 사고'입니다.

예를 들어 요즘 같은 상황에서 '푸틴 대통령은 악이다.'라고만 생각한다면 인지적 복잡성이 낮다고 할 수 있습니다. 물론 우크라이나를 침공한 '악당'이라고 단정 짓는 것이 훨씬 간단합니다. 더 이상 생각하지 않아도 되기 때문에 전두엽이 편합니다. 하지만 그 배후에 어떤 이유가 있는지, 경제적 필연성인지, 심리적 요인인지, 개인적 신념인지, 조사를 해봐도 이해하기 어렵겠지만, 다양한 문헌과 뉴스를 직접 찾아보고 '그럴 수도 있고 이럴 수도 있다.'고 생각해보는 게 중요합니다. 모르는 것을 모른다고 인정하면서 생각을 멈추지 않는 것이 전두엽을 사용하는 것, 나아가 전두엽을 단련하는 것이라고 저는 생각합니다.

흑 아니면 백, 전부 아니면 전무, 좋거나 아니면 싫거나, 적 아니면 아군. 이렇게 세상을 이분법적으로 나누는 사고는 이른바 '인지 왜곡'의 일종으로, 심할 경우 우울증의 원인이 되기도 합니다. 흔히 성실한 사람이나 완벽주의자일수록 우울증에 걸리기 쉽다고 하는데 그런 사람일수록 이분법적 사고에 빠지기 쉽기 때문입니다.

100점이 아니면 0점이라고 생각하는, 80점이라도 0점으로 간주해버리는 시험에서는 100점을 받는 것 외에는 만족할 길이 없습니다. 작은 실수 때문에 인정받지 못하면 다른 곳에서 아무리 성공해도 괴로울 수밖에 없습니다. 그것이 우울증으로 이어지는 것입니다.

그러므로 우선은 이분법적 사고를 버려야 합니다. 결론을 흑과 백으로 쉽게 단정 짓지 말고 회색 지대를 만들어 인지적 복잡성을 높여야 합니다. 전두엽을 편히 쉬게 하지 않고 가동시켜야 한다는 점을 의식하세요.

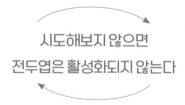

시도해보지 않으면
전두엽은 활성화되지 않는다

이분법적 사고를 버리면 전두엽에 어떤 자극을 줄 수 있을까요?

앞장에서 다룬 '원 패턴'에서 벗어날 수 있을지 모릅니다. 단골 가게만 간다거나, 같은 작가의 책만 읽는다거나, 매일 비슷한 요리를 하고 있지는 않나요?

평소 진보 계열 신문만 읽던 사람이라면 보수적인 잡지를 읽어보는 것은 어떨까요? 꼭 공감할 필요는 없고, 분노를 느끼거나 반론을 생각하면 됩니다. TV에서 우크라이나 사태에 대한 뉴스를 보면 러시아의 입장에 서서 생각해보세요. 알기 쉬운 설명을 듣고 그저 고개를 끄덕이는 것이 아니라, 머릿속에 담아두고 인터넷에서 더 자세한 정보를 찾아보세요. 평소와 다른 정보를 들어보거나 반론을 생각해보는 것은 전두엽에 좋은 활동입니다.

저는 새로운 라멘 가게를 개척하는 것이 취미인데, 라멘은 몸에 좋지 않다고 말하는 사람도 자주 봅니다. 저는 사물을 상대화하지 못하는 사람이 많다고 생각하는데, 나이와 취향에 따라, 혹은 그 사람의 건강 상태에 따라 분명 라멘의 의미는 달라집니다.

'다른 생각은 아예 없는 것일까?', '정답은 항상 정해져 있는 것일까?'라고 의심해보는 것은 전두엽을 위해서도 중요합니다.

예를 들어, 저는 담배를 피우지 않지만 담배는 절대 안 된다고 생각하는 경향이 있었습니다. 그런데 제가 예전에 근무했던 병원에는 죽을 때까지 생활할 수 있는 요양원이 있었습니다. 그 요양원에 입소해 있는 60세부터 80세까지의 노인을 대상으로 담배를 피우는 사람과 피우지 않는 사람을 비교하여 생존 곡선을 추적 조사해본 결과, 차이가 전혀 없었습니다.

그 조사를 담당한 의사의 논문에 따르면 '담배는 확실히 몸에 나쁘지만, 담배로 죽는 사람은 요양원에 들어가기 전에 죽는다.'는 결론을 내리고 있었습니다. 그렇다면 요양원에 들어가기 전까지 담배를 피우고 무사한 사람과 그렇지 않은 사람은 그 이후로는 큰 차이가 없을지도 모릅니다. 이렇게 세상에는 자세히 알아보지 않으면 알 수 없는 일들, 자신이 직접 해보지 않으면 모르는 일들이 많습니다.

쉽게 결론을 내리지 않으면 여러 생각이 떠오릅니다. 세상에는 다양한 방식이 있다고 생각하면 시야도 넓어지고, 사람을 보고 괜히 적인지 아군인지, 좋은 사람인지 나쁜 사람인지 등을 판단하며 불안에 빠지지 않아도 됩니다. 식당을 선택하기 전에 꼭 평점 리뷰를 본다거나 브랜드에 의존

하는 일도 없어질 것입니다.

남의 말을 무조건 믿기보다는 직접 해봐야 알 수 있는 게 있습니다.

즉, 중요한 것은 시도해보는 것, 실험해보는 것입니다.

세상 곳곳에서 확률론이 판을 치고 있습니다. 담배의 해악은 아마도 개인차가 있을 것이고, 담배를 100세까지 피워도 건강한 사람이 있을 겁니다. 즉, 확률상으로 담배는 나쁘지만, 개인에 따라서는 그 사람의 몸에 맞는다든지, 스트레스를 해소하는 효과가 있을 수도 있습니다. 무작정 확률론을 따랐다면 그 사람은 오히려 담배를 끊어서 얻을 수 있는 이득보다 스트레스의 해악이 더 커서 빨리 죽었을 수도 있습니다.

아이를 칭찬하는 것이 좋은지 꾸짖는 것이 좋은지에 대한 논쟁도 자주 벌어집니다. 여전히 교육심리학자 등이 다양한 실험을 하고 있습니다. 만약 어떤 실험에서는 칭찬을 하는 쪽이 성적이 더 올랐다고 가정해봅시다.

칭찬을 해서 성장한 아이가 70%, 꾸짖어서 성장한 아이가 30%라면 실험상으로는 칭찬하는 것이 좋다는 결론이 나옵니다. 그런데 막상 자신의 아이에게 적용해보면 다를 수도 있습니다. 아무리 칭찬을 해도 전혀 공부를 하지 않던 아이가 반포기 상태가 되어 혼을 내기 시작하자 스스로 열심히 공부하기 시작하는 경우도 있습니다.

즉, 확률은 확률이고 자신에게 닥칠 현실이 어느 쪽으로 흘러갈지는 우리로서는 알 수가 없습니다. 시도해보지 않으면 알 수가 없습니다. 전두엽이 작동하는 것은 바로 그런 때입니다.

산다는 것은 실험한다는 것

실험이라는 것은 성공만을 목표로 하지 않습니다. 물론 어떤 목적에 도달하는 것이 목표겠지만, 실패도 중요한 성과입니다. '아, 이 재료로는 안 되는구나.'라는 것도 중요한 발견이니까요. 그런데 재료에 열을 가하는 시간을 바꾸면? 온도를 바꾸면? 모양을 바꾸면? 이런 식으로 실험을 재구성하면서 목적에 도달할 수 있는 방법을 찾아야 합니다. 그런데 목적에 도달했다고 해서 실험을 끝내야 할까요? 그 목적에 도달할 수 있는 다른 방법이 있을 수도 있습니다. 산을 오르는 길이 여러 갈래 있듯이, 목적에 도달하는 다른 방법도 있을 수 있습니다. 어떤 의미에서는 두뇌를 무한정으로 계속 사용하는 것이 실험입니다.

제가 라멘을 좋아해서 일주일에 네다섯 번 라멘집에 간다고 하면 너무 자주 간다고 놀라는 사람이 많습니다. 그럼에도 저는 라멘집에 가는 게 즐겁습니다. 또 일주일에 세 번 정도는 새로운 가게에 가려고 노력합니다. 가본 적 없는 가게에 가서 먹어보고 맛이 없으면 '이번 실험은 실패다.'라고 생각합니다. '0승 5패구나', '3승 2패구나.'라고 머릿속으로 별점을 주는 것만으로도 충분한 자극이 됩니다.

전두엽은 '새로운 발견'을 원합니다. 계속 노년층이 늘어나면서 어떻게 노후를 보낼 것이냐는 질문을 많이 받습니다. 그럴 때는 "사는 것을 실험이라고 생각하면 됩니다."라고 말해줍니다. 사는 것이 실험이라고 생각하면 실패를 크게 두려워할 필요가 없습니다. 잘 안 되면 또 다른 실험을 하면 되니까요.

어떤 가게는 간장 라멘은 별로지만 소금 라멘은 괜찮을 수도 있습니다. 토핑을 바꿔보는 것도 좋습니다. 먹어본 적

없는 메뉴가 나올 수도 있습니다. '도전'이라고 하기에는 너무 소박한지도 모르겠지만 그래도 전두엽을 움직일 수는 있습니다. 적어도 지루하지는 않습니다.

여기서 분명히 말씀드리지만, 인간의 뇌에 '지루함은 적'입니다.

자극이 없는 상태에 놓인 뇌는 퇴화합니다. 사용하지 않는 뇌내 네트워크는 사라집니다. 자극의 반대말은 바로 '지루함'이 아닐까요?

도박은 전두엽 기능이 떨어진 중장년층이나 노년층이 시작하면 중독될 위험이 높기 때문에 매일 할 수 있는 인터넷 카지노 등은 권하지 않습니다. 하지만 도파민을 쉽게 얻을 수 있다는 점에서 자극이 되기 때문에 일주일에 두 번 정도만 열리는 경마나 마작 등은 뇌의 활성화라는 측면에서 좋다고 생각합니다. 소액 투자 등도 전두엽을 단련하는 데 좋습니다.

어떤 취미든 마찬가지겠지만, 몸을 망치거나 재산을 탕진하지 않는 범위라면 도박도 '실험적인 삶의 방식'으로서 괜찮지 않을까 생각합니다.

20년쯤 전에 당시 유니클로 회장이었던 야나이 다다시 씨

가 『일승구패(一勝九敗)』라는 책을 써서 베스트셀러가 된 적
이 있는데, 뭐든 '손해를 보더라도 망하지 않는다', '다음 실
험을 할 수 있을 정도로 실험을 한다.'라는 자세로 한다면 이
보다는 더 큰 승률을 노려도 괜찮다고 생각합니다.

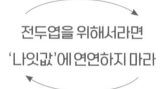

전두엽을 위해서라면 '나잇값'에 연연하지 마라

전두엽을 자극하는 의욕이라면 무엇이든 괜찮습니다. 이성
에게 인기를 얻고 싶다는 의욕도 훌륭한 의욕입니다. 인기
를 끌기 위해 옷을 새로 장만하고, 말솜씨를 연마하고, 데이
트 계획을 치밀하게 짠다면 그때마다 전두엽은 활발하게 활
동할 것입니다.

이제 와서 인기가 무슨 소용이냐고 말하는 사람도 있겠지
요. 그렇다면 열정을 쏟을 수 있는 다른 대상을 찾으면 됩니
다. 인간의 욕구 중 먹는 것, 구애하는 것, 집단에 소속되는
것은 근원적인 것이기 때문에 주변에서 '나잇값도 못한다.'

고 할지라도 신경 쓰지 마세요.

전두엽에 충분히 자극이 되니 만약 그런 의욕이 있는 사람은 그렇게 하라는 말입니다. 물론 불륜을 권장하거나, 유흥업소에 가서 돈을 탕진하라는 말은 아닙니다. 다만 '인기 있고 싶다', '사랑받고 싶다.'는 본능적인 욕망을 무시하면서 '어른스럽지 못하다.', '바보 같다.'며 욕망을 억압하면 오히려 전두엽의 노화를 앞당길 뿐이라는 걸 말하고 싶습니다. 차라리 '이것도 다 전두엽을 위해서다.'라는 생각으로 나이가 들어도 남자 친구나 여자 친구와 데이트를 하는 게 좋습니다. 주위에서 '나잇값 못한다.'는 핀잔을 들어도 괜찮습니다.

저의 라멘집 순례도 상당히 나잇값 못하는 행동입니다. 저는 현재 62세입니다. 의사이기 때문에 라멘으로 인한 칼로리나 콜레스테롤이 만만치 않다는 것을 잘 알고 있습니다. 그럼에도 불구하고 새로운 가게를 찾고, 고르고, 모르는 길을 걷는 자극과 그에 따른 운동량, 동맥경화 예방 효과를 생각하면 라멘집 순례를 그만둘 수가 없습니다.

처음 가보는 곳으로 여행을 가는 것도 좋습니다. 새로운 운동을 시작해도 좋고, 예전에는 줄을 서지 않던 가게에 줄을 서보는 것도 좋습니다. 지금까지 읽지 않았던 프루스트에 도전하거나 외국어 공부를 시작하거나, 뭐든지 괜찮습니다.

가급적 첫 경험을 하고 시행착오를 겪어보는 게 전두엽에 좋다는 말입니다.

저는 해부학자 요로 다케시 선생님을 인생의 선배로 삼고 있습니다. 뵐 때마다 느끼는 건데, 85세라는 나이에도 지적 호기심을 잃지 않고, 정보를 발신하고, 곤충에 대한 공부를 위해서라면 해외에도 발걸음을 옮기는 분입니다. 맞습니다. 그는 '나이답지 않게' 장수풍뎅이 연구에 열중하고 있습니다.

아마도 하루하루가 자신이 하고 싶은 일로 가득 차서, 여가 시간 따위는 없는 게 아닐까 싶습니다. 어딘가로 가서 무엇을 조사하고, 몇 시에 어디로 가면 어떤 곤충이 있는지 등 시뮬레이션을 하는 것만으로도 바빠 보입니다. 그리고 이는 분명 즐겁고 설레는 일이겠지요.

전두엽을 사용해야 치매에 걸리지 않기 때문이 아니라, 그런 것을 초월해서 아마도 전두엽을 사용해야 사람은 즐겁게 살 수 있다는 것을 요로 선생님을 보면서 깨닫게 됩니다.

인생이 지루한 것은 전두엽을 사용하지 않기 때문입니다. 인생이 즐거운 것은 전두엽을 사용하기 때문입니다. 지극히

단순하지만, 이것이 진실 아닐까요.

운동은 필수다

전두엽을 단련하기 위해서는 '자극'이 필요하다고 했습니다. 이는 물론 자극이 뇌를 활성화하고 뇌의 혈류를 증가시키기 때문입니다. 뇌의 혈류가 증가하면 뇌가 활성화되고 의욕이 높아져 더 많은 자극을 추구하게 되고, 이것이 또 다른 자극을 찾는 선순환을 만들어내는 것이죠.

　혈류량을 늘리는 방법으로는 이 외에도 다른 사람과의 소통, 손을 사용하는 지적 활동, 그리고 가장 중요한 것이 바로 운동입니다.

　타인과의 소통에 대해 다시 한 번 설명하자면, 뇌의 여러 부위를 사용하지 않으면 대화가 성립되지 않습니다. '대화한다'는 행위 하나만 보더라도 전두엽 중에서도 '운동 영역'이 작동해야 말을 할 수 있고, 듣기 위해서는 측두엽의 '청각 영역'이, 상대방의 표정을 파악하기 위해서는 후두엽의 '시각 영역'이, 상대방의 말을 이해하기 위해서는 '감각언어 영역'이, 그리고 대답을 하기 위해서는 그 정보를 판단하는 '전두연합 영역'이 작동해야 합니다. 뇌가 작동하려면 혈액이 필요하기 때문에 뇌의 혈류량이 증가하게 되는 것입니다.

나머지 두 가지도 함께 살펴봅시다.

책을 읽거나 영화를 보면서 생각을 하는 것만으로도 뇌의 혈류는 증가합니다. 하지만 손을 사용하면 혈류가 더욱 증가하는 것은 전두엽의 '일차 운동 영역'과 두정엽의 '체성감각 영역'에서 손과 혀, 입술과 같은 부위에 해당하는 신경세포의 비율이 매우 높기 때문입니다. 따라서 손과 혀, 입술을 사용하는 것은 뇌를 움직이는 것과 직결된다고 할 수 있으며, 실제로 손을 움직이면 손을 움직이지 않을 때보다 뇌의 혈류량이 10% 증가한다는 보고도 있습니다. 이때 중요한 것은 엄지손가락을 움직이는 것이라고 하는데, 엄지손가락을 사용하는 악기 연주나 수공예, 도예 등이 효과가 있다고 합니다. 요리도 좋다고 합니다.

운동에 대해서 말해볼까요. 운동을 하면 혈류가 늘어나는 것이 당연한 거 아니냐고 생각할 수도 있고, 실제로 운동이 치매 예방에 효과가 있다는 연구는 무수히 많습니다.

세계보건기구가 2019년에 발표한 '인지 기능 저하 및 치매 위험 감소를 위한 가이드라인'에서는 첫 번째 해결책으로 '신체 활동'을 꼽았습니다.

참고로, 뇌의 위축을 예방하기 위해 후생성에서 권장하는 것은 남성의 경우 하루 6700보 이상 걷는 것이라고 합니다. 이 정도는 정년 후 시간적 여유가 있는 사람이라면 쉽게 할 수 있습니다. 다만 여성의 경우는 걸음 수에서는 유의미한 차이가 없었지만, 하루 총 에너지 소비량이 가장 많은 그룹과 가장 적은 그룹에서는 '뇌 위축 악화 가능성'이 10배나 차이가 났다고 합니다. 총 에너지 소비량이란 운동으로 사용하는 에너지량에 기초대사량, 식사로 인한 칼로리 소비량을 더한 것으로, 당연히 운동을 많이 한 사람일수록 '악화되기 어렵다.'는 결과가 나왔습니다. 이는 아무리 운동을 해도 과식을 하면 안 된다는 뜻으로, 여성의 경우 근육량을 늘리는 것이 좋다고 권고하고 있습니다.

어느 정도의 운동이 적절한지는 아직 확정되지 않았지만, 핀란드의 연구에 따르면 땀을 흘릴 정도의 운동을 주 2회 이상, 1회당 각 20~30분씩 하면 20년 후 알츠하이머형 치매 위험이 약 3분의 1로 감소하는 것으로 나타났습니다. 국립장수의료연구센터의 연구에서는 말기 노인들에게 하루 90분, 주 2회의 운동 프로그램을 6개월간 진행했더니 인지 기능과 기억력이 개선되고 뇌 위축도 억제되었다고 합니다. 미국의 '운동 가이드라인'은 일주일에 150분 정도의 중강도 유산소 운동을,『인스타 브레인』(동양북스, 2020)을 쓴 안데르스 한센 은 주 3회, 최소 30분의 '숨이 찰 정도의 운동'을 권장합니다.

솔직히 저는 이런 기준도 개인차가 있을 거라 생각하지 만, 전두엽 유지에 운동이 도움이 된다는 것을 부정할 생각 은 없습니다. 라면을 계속 먹기 위해서라도 저 정도의 운동 은 필수라고 생각합니다.

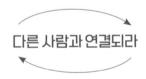

다른 사람과 연결되라

앞 항목에서 타인과의 소통은 뇌의 혈류를 증가시킨다고 했 습니다. 타인과의 관계 형성은 EQ의 5대 요소를 떠올리면 바로 이해가 되겠지만, 전두엽이 가장 활발하게 활동하는 장면입니다. 2장에서는 '외로움'의 위험에 대해서도 언급했습니다. 적극적으로 타인과 잘 어울리는 것은 전두엽이 퇴화하는 것을 막기 위해서도 중요합니다.

일본의 의학 잡지 〈랜싯(ランセット)〉이 2020년에 발표한 '12가지 치매 발병 위험 요소'에 따르면, 3번째 위험 요소로 '노년기의 사회적 교류 부족'이 꼽혔습니다. 이는 '치매 발병을 40% 예방할 수 있거나 지연시킬 수 있는 요소' 목록으로 (나머지 60%는 알 수 없음) 다시 말하면 '사회적 교류 부족' 같은 위험 요소를 해소한다면 40%는 지연시키거나 혹은 예방할 수 있다는 말입니다.

2017년에 발표된 국립장수의료연구센터의 연구는 65세 이상 노인 중 간병이 필요하지 않은 노인 약 1만 4000명을 대상으로 9년 이상 추적 조사한 결과, 8가지 사회관계에 따라 치매 발병 위험이 어느 정도인지를 보고하고 있습니다. 8가지 사회관계란, 일을 하는가, 지역 모임에 참가하는가, 배우자가 있는가, 동거 가족의 지원이 있는가, 친구나 이웃과의 교류가 있는가, 친구나 지인의 지원이 있는가, 별거 중인 자녀나 친척의 지원이 있는가, 별거 중인 자녀나 친척과 교류가 있는가 등이며, 앞의 5가지 항목에 해당하는 사람은 치매에 걸릴 위험이 낮은 것으로 나타났습니다. 해당 항목이 0이나 1인 사람에 비해 5개인 사람은 치매에 걸릴 위험이 46% 낮다는 결과였습니다.

이는 치매와 관련된 데이터이긴 하지만, 인지 기능의 저하란 초기에는 곧 전두엽 기능의 저하를 의미합니다.

1장에서도 언급했지만, 오랜만에 만난 사람의 이름이 생각나지 않는 등 흔히 경험하는 기억 장애의 대부분은 '상기 장애'입니다. 상기 장애가 일어나는 이유는 인간의 뇌는 덮어쓰면 덮어쓸수록 옛 기억을 꺼내기 어려워지기 때문인데, 인풋만 하는 것이 아니라 아웃풋의 경로를 만들어주면 기억을 떠올리기가 쉬워집니다. 아웃풋의 기회가 적으면 기억을 상기하기 어려워지는 것이죠.

예를 들어 퇴직 이후 회사를 다니지 않는 경우를 생각해보면 쉽게 이해할 수 있습니다. 회사 동료나 상사였던 사람과 대화할 기회가 줄어들면, 즉 아웃풋의 기회가 줄어들면 동료나 상사였던 사람의 이름이 잘 떠오르지 않습니다. 초등학교 동창이나 중학교 시절 스승의 이름 등도 마찬가지입니다.

그와 반대로, 아웃풋의 기회를 늘리면 기억 회로가 활성화됩니다. 그래서 아웃풋을 할 상대가 필요하고 그 관계를 유지하는 것, 사람과의 연결이 그만큼 중요한 것입니다.

내각부의 2018년판 고령사회백서에 따르면, 55세 이상을 대상으로 한 조사에서 가족이나 친구와의 대화 빈도가 '거의 매일'인 사람의 주관적 건강 상태는 '좋다'가 90.1%인 반면, '거의 없다'는 사람은 1.1%로, 상당히 큰 차이가 난다고 합니다. 물론 이는 주관적인 건강 상태이므로 실제 건강 상태와 반드시 일치하는 것은 아니겠지만, 타인과 대화를 나누지 않으면 '아무래도 몸 상태가 안 좋다.'라는 기분에 빠지기 쉽다는 사실을 알아채야 합니다. 부부관계, 가족관계, 친구관계를 개선하는 것은 언제 시작해도 늦지 않습니다.

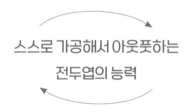

스스로 가공해서 아웃풋하는 전두엽의 능력

앞에서 설명했듯이, 사실 전두엽을 활성화하는 데는 아웃풋이 매우 중요합니다.

지역 모임에 참가하는 것도 좋습니다. 부부 사이를 개선하기 위해 노력하는 것도 좋습니다. 자신의 생각을 SNS나 블로그에 올려서 동지를 모으는 것도 좋습니다. 나이가 들면 '듣는 힘'보다 '발신하는 힘'을 어떻게 키우느냐가 중요하다고 저는 생각합니다.

인간을 크게 '전두엽형 인간'과 '측두엽형 인간'으로 나눈다면, 사람의 말을 잘 듣고 기억하는 것은 측두엽형 인간이고, 말을 많이 하는 발신형은 전두엽형 인간입니다. 그런데 전두엽형 인간은 동양에서는 '예의가 없다.'는 말을 듣기 쉽기 때문에 전두엽형 인간을 목표로 하기가 조금 망설여질지도 모릅니다.

하지만 여기서 생각해야 할 것이 바로 EQ에서 말하는 '자기 인식', '자기 억제', '공감 능력', '소셜 스킬'입니다. '내가 하는 행동이 상대방에게 어떤 영향을 미칠지 알고 있는가? 발신해서는 안 되는 것을 억제할 수 있는가? 상대방의 마음을 상상할 수 있는가? 정확한 말로 전달할 수 있는가?'라고 끊임없이 사고해야 되는 거죠. 아마도 이렇게까지 전두엽을 활용하는 작업은 없을 것입니다.

이때 중요한 것은 단순히 측두엽에서 기억을 끄집어내는 '재현형'이 아니라, 인풋한 것을 그 상황에 맞는 형태로 가공하는 '가공형'입니다.

행동경제학 책을 읽어보면 인간은 차이에 반응한다는 것을 알 수 있습니다. 부의 총량보다 '차이'가 인간의 행복을 결정한다는 말입니다. 즉, 10억 원을 가진 사람이라도 만 원을 손해 보고 나서 불행하다고 생각할 수 있고, 10만 원밖에 없는 사람이라도 1000원을 이익 보고 나서 행복하다고 느낄 수 있다는 말입니다.

또 예전에 부자였던 사람은 비교적 좋은 요양원에 들어가도 예전에 비해 '삶의 질이 떨어졌다.'는 생각이 들어 불행하다고 느낄 수 있는 반면 예전에 불우했던 사람은 그보다 훨씬 낮은 수준의 요양원 밥도 맛있다고 느끼고, 직원도 친절하다고 느낄 수 있습니다. 즉, 인풋한 것을 그냥 받아쓰기처럼 아웃풋하는 것이 아니라 어떻게 가공해서 해석하느냐가 더 중요하다는 말입니다. 그것이 바로 전두엽의 역할입니다. 인풋이 필요 없다는 말이 아닙니다. 아웃풋을 하려면 반드시 인풋이 있어야 합니다. 개그맨도 바둑기사도 엄청난 인풋이 있어야 아웃풋이 있는 것이니까요. 퀴즈 프로그램이나 필기시험과는 다른 '정답'이 없는 곳을 향해 도전하는 자세가 필요합니다.

아웃풋의 전 단계

나이가 들어도 여행이 즐거운 이유에 대해 생각해본 적이 있나요?

우리는 자연스레 지식을 축적하며 살아갑니다. 다양한 정보를 접하고 취사선택하여 기억으로 저장합니다. 여행지에서 메타세쿼이아 나무를 발견했다고 합시다. 그 나무를 알고 있는 사람은 '이게 메타세쿼이아구나.'라고 감탄하지만, 모르는 사람은 감탄하지 않습니다. '와 대단하다.' 정도겠지요. 뇌에는 참조 능력이라는 게 있어서 비교하고 대조하고 식별하는 것에서 기쁨을 느낍니다. 머릿속에 입력된 정보와 인식한 정보가 어떤 식으로든 일치하면 거기서 재미를 느끼는 거죠. 그래서 경험이 쌓이면 어릴 때보다 뇌에 축적된 지식과 기억의 양이 많아지고, 현실과 일치시키는 즐거움도 커집니다. 그렇기 때문에 '처음'이어도 즐거움을 얻을 수 있는 사람이 있는 거죠. 그 반면에 축적된 지식이 별로 없는 사람의 경우에는 여행을 여러 번 가도 감흥을 느끼지 못할 수도 있습니다.

이렇게 머릿속에 있던 지식을 현실에서 확인하는 즐거움은 아이들도 느낄 수 있습니다. 초등학교 5학년인 제 아이를 데리고 동북부 여행을 갔을 때 모가미 강을 지나게 되었습니다. 그러자 아이는 사회 시간에 배웠는지, "아, 이게 모가미 강인가 봐요!"라며 기뻐하더군요. 학습이란 이런 식으로 깊어지는 것입니다. 인풋한 것을 실제로 '쓸 수 있다!'라고 생각하면 뇌는 기뻐하며 '더 배우자'는 방향으로 활성화될 것입니다.

아웃풋이 정말 중요하지만 역시 인풋이 있어야만 가능한 일입니다. 예를 들어 온천에 갔을 때, 온천에 대한 다양한 지식이 있다면 다른 온천과는 수질이 어떻게 다른지, 혹은 지형은 어떤지 등을 관찰하고 실상을 확인해본다면 온천을 즐기는 재미가 더욱 커지겠죠. 철도든 성이든, 곤충이든 음식이든, 마니아가 존재하는 것은 그런 즐거움이 있기 때문입니다. 지식은 헛된 것이 아닙니다.

여행 전에 여행지에 대해 열심히 공부하는 사람들이 있습니다. 그런 사람을 보고 벼락치기를 한다고 무시하는 사람도 있지만, 아마 모르고 가는 것보다는 알고 가는 것이 훨씬 즐겁고 감동적일 것입니다.

축구 월드컵이든 인기 드라마든, 벼락치기를 해서라도 지식이 있는 편이 더 즐길 수 있는 것은 당연합니다.

즐길 수 있다면 아웃풋까지는 금방입니다. 내가 발견한 즐거움을 공유하고 싶지 않나요? '내가 발견한 즐거움을 어떻게 전달해야 상대방이 더 잘 이해해줄 수 있을까?'라는 궁리를 하다 보면 자연스럽게 전두엽이 활성화됩니다. 이것이 '재현형'과 '가공형'의 차이입니다.

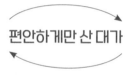

편안하게만 산 대가

노인 의학을 오랫동안 담당해온 입장에서 볼 때, 고령기는 그동안 편안하게 산 대가를 치러야 할 시기라고 생각합니다. 전두엽을 편안하게만 하는 한 뇌의 노화는 계속 진행될 것이고, 개인의 발전은 물론 즐거움도 줄어든다는 말입니다. 너무 편안하게만 산 대가인 것이죠. 사는 것 자체가 재미없어 보이는 사람을 많이 봤습니다. 생각해보면 알겠지만, 즐거움 거리는 스스로 늘리려고 노력하지 않으면 줄어들 수밖에 없습니다. 즐거움이 줄어들면 인생이 지루하게 느껴지는 것도 당연합니다.

의욕이 떨어지면 움직이지 않게 됩니다. 나이가 들수록 걷지 않으면 점점 더 걷지 못하게 되고, 머리를 쓰지 않으면 똑똑했던 사람도 볼품이 없어집니다. 공감 능력은 떨어지는데 기세만 높아져 미움받는 캐릭터로 변하는 사람들을 저는 여러 번 봤습니다.

그에 비해 나이를 먹어도 젊고, 똑똑하고, 유쾌하고, 활동적인 노인들도 있습니다.

그 차이가 무엇일까 생각해보면 결국 젊었을 때부터 전두엽을 사용했느냐, 하지 않았느냐의 차이가 아닐까 하는 생각이 점점 강해집니다. 사용하는 사람과 사용하지 않는 사람의 차이는 나이가 들면서 점점 더 커지는 것 같습니다. 그래서 적어도 이 책을 읽는 독자 여러분은 40~50대부터라도, 60~70대부터라도 쓸 수 있는 뇌의 영역은 모두 사용하며 살았으면 좋겠습니다. 안타깝게도 지금 사회는 나이를 막론하고 모든 연령층이 무력감만 느끼고 있는 것 같습니다. 열정이나 에너지를 느낄 수 있는 일이 너무 없습니다. 저출산이다 고령화다 말이 많지만, 저는 얼마든지 해결책이 있다고 생각합니다.

이대로 가다가는 오히려 전두엽을 사용하며 활기차게 사는 사람이 이상하게 보일 수도 있겠다는 위기감마저 듭니다. 우선은 한 사람 한 사람이 전두엽 사용법을 생각해보고, 나아가 사회 전체가 활기를 되찾았으면 좋겠습니다.

전두엽을 단련하는 5가지 원칙

이제 이번 장을 요약해봅니다. 전두엽을 단련하기 위한 5가지 원칙입니다.

1. '이분법적 사고' 버리기

남의 의견에 휘둘리지 말고 스스로 알아보고, 스스로 생각하며, 답을 하나로 단정 짓지 마세요. 세상과 정답은 변하는 것이고, 한 번 똑똑해졌다고 해서 계속 똑똑한 것은 아닙니다. 사고에 회색 지대를 마련해두어야 합니다.

2. 실험하기

이분법적 사고에서 벗어났으니 '답'을 얻었다고 만족하지 말고, 다양한 '첫 경험'을 찾아 실험해보세요. 대상은 무엇이든 좋습니다. 중요한 것은 쉽고 간편하게 시작할 수 있어야 한다는 점입니다.

3. 운동하기

역시 신체 활동 없이 뇌 혈류만 활발하게 만드는 것에는 한계가 있습니다. 곤충 채집이든 빵집 순례든, 뭐든 좋으니 몸을 움직이는 것은 전두엽의 활성화를 위해서 반드시 필요합니다.

4. 다른 사람들과 교류하기

외로움은 뇌의 노화를 촉진하고, 사람을 배려하는 감정은 전두엽의 중요한 역할입니다. 다른 사람들과의 관계는 소셜 스킬을 키워줍니다. 무엇보다 타인만큼 예측 불가능한 존재는 없습니다. 전두엽이 가장 잘 작동하는 순간을 소중히 여기세요.

5. 아웃풋에 신경 쓰기

인풋도 물론 중요하지만, 인풋한 것을 그냥 '재생'하는 것이 아니라 '가공'하여 아웃풋하는 것이 중요합니다. 다른 사람들과의 교류를 위해서도 전두엽을 최대한 활용해 아웃풋하는 것을 명심하세요.

연령별 대책은 이 책의 마지막에서 다루겠습니다.

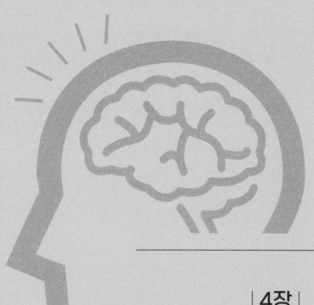

| 4장 |

시행착오는
왜 뇌에 좋을까?

인풋 중심의 교육에서
아웃풋 중심의 교육으로

Secrets of the
ageless brain

'자기 인식'이 중요한 이유

여기까지 읽으면서 그동안 전두엽을 잘 쓰지 않았던 것 같아 위기감을 느꼈다면 당신은 오히려 전두엽을 잘 쓰고 있는 거라고 생각합니다.

EQ의 5대 요소에서 가장 먼저 꼽히는 것이 무엇인지 기억하나요? 바로 '자기 인식'입니다. 자신의 감정, 가치, 목표 등을 스스로 인식하는 동시에 그것들이 타인에게 미치는 영향까지 인식할 수 있는지 없는지 생각해보세요. 그것이 바로 전두엽의 작동 여부를 알려줍니다.

전두엽의 기능이 약해지면 자기 인식이 제대로 작동하지 않습니다. 자신은 잘하고 있다고 생각하지만 타인에게는 그렇게 보이지 않거나, 타인의 피드백을 잘 받아들이지 못합니다.

전두엽 이야기에서 조금 벗어나지만, EQ가 높은 사람에게는 다음과 같은 특징이 있다고 합니다.

솔직하고 끈기가 있다.

스트레스에 대한 내성이 높다.

생각이 유연하다.

사과할 줄 안다.

남의 이야기를 잘 듣는다.

타인의 이야기에 공감할 줄 안다.

이것이 대인관계가 좋고, 비즈니스에서 리더십을 발휘할 수 있는 사람의 성향이라고 합니다. 고개를 끄덕일 수밖에 없지만, 저처럼 비뚤어진 사람은 '솔직하면 안 되는 거 아니야? 스스로 생각하게 만들어야지.'라는 생각이 들기도 합니다. 하지만 인간에게 어떤 종류의 솔직함은 반드시 필요하다는 것도 인정합니다. 스스로 생각하게 만드는 것과 솔직함은 양립할 수 없는 것이 아니니까요.

어쨌든 자기 인식에는 타인의 피드백이 필수적이며, 그것이 가능하다는 것은 전두엽이 작동하고 있다고 봐도 무방합니다.

오히려 문제는 그렇게 생각하지 않는 사람입니다.

요즘은 누구나 앞길이 막막하고 살기 힘들다는 생각에 갇혀 있는 것 같습니다. '전례 답습', '모난 돌이 정 맞는다', '무사안일주의' 등도 비슷한 맥락에서 자주 쓰이는 말입니다. 그리고 몇 년째 불황도 계속되고 있습니다. 도대체 무엇이 우리를 이렇게 만들었을까요?

스키마에 갇힌 사회

인지심리학에 '스키마'라는 단어가 있습니다. 어떤 사건이 발생했을 때 순간적으로 떠오르는 생각이나 이미지에 갇혀 자신을 괴롭히는 사고 패턴을 '자동사고'라고 하는데, 이 자동사고의 근원이 되는 사고방식, 버릇 같은 것을 '스키마'라고 합니다. 자동사고와 스키마 모두 이전의 경험이나 환경 속에서 자기도 모르게 익힌 것으로, '다리가 4개 있고 멍멍이라고 울부짖는 생물은 개다.'라는 것이 스키마라면, 멍멍이라는 소리를 듣고 '이 개는 나를 물어뜯을 것이다.'라고 저절로 생각하는 것이 자동사고라고 할 수 있습니다.

일상생활에서도 이 스키마에 갇힌 말을 들을 때가 많습니다. "영업은 발로 뛰는 거야", "혈액형이 A형인 사람은 성실해", "서울대 출신은 재미없어."와 같은 말들 말이죠. 이러한 고정관념을 갖고 있으면, 그다음부터는 고민하지 않아도 되니 편하다고 할 수도 있습니다.

그런데 이 스키마가 너무 강력하다면 어떻게 될까요? 예를 들어 의자만 있는 방에 갇혀 트레이에 담긴 음식을 먹는다고 가정해봅시다. '테이블이 있었으면 좋겠다.'고 생각한다면 의자를 테이블 대신 사용하면 되지만, '의자는 앉는 것'이라는 스키마가 너무 강하다면 그럴 수 없습니다. 의자는 의자, 테이블은 테이블이라는 고정된 관념에서 자유롭지 못하면 고정화된 '정답' 이외에 다른 가능성은 사라집니다.

정신과 의사로서 노인 의학에 오랫동안 종사해온 저는 이 사회에 이러한 스키마가 만연해 있는 것 같아 불안감을 느끼지 않을 수 없습니다. 러시아는 나쁘다, 코로나는 무섭다, 고령자 운전은 위험하다, 저출산 고령화 사회라서 막막하다 등등. 물론 실제로 맞는 말이긴 하겠지요. 하지만 다른 가능성은 정말 없을까요? 단정 짓는다고 해서 상황이 개선될까요? 아무리 봐도 '우리가 원하는 것은 무엇인가'라는 관점은 부족한 것 같습니다. 이런 풍토가 제게는 전두엽이 작동하지 않는 사회로 보입니다.

1장에서 언급했듯이 일본인의 평균연령은 현재 47.6세입니다. 2022년에 유엔이 발표한 각국의 중위 연령을 보면 일본은 만 48.7세로 세계 2위입니다.

그 이유는 잘 모르겠지만, 1위는 모나코로 54.5세입니다. 3위인 이탈리아가 47.3세, 포르투갈이 45.4세, 그리스가 45.1세입니다. 일본은 서유럽 국가와 크게 다르지 않은 것처럼 보이겠지만, 중위 연령이 45세를 넘는 나라는 여기에 산마리노 공화국을 더한 여섯 나라뿐입니다. 참고로 독일은 44.8세, 스페인은 44.3세로 양쪽 다 고령화가 진행되고 있습니다. 프랑스는 일본에 비해 훨씬 낮은 41.8세, 영국은 39.8세, 미국은 37.9세로 무려 30세 후반입니다. 이제 세계 2위 경제 대국인 중국은 38.5세, 브릭스 중의 하나인 러시아가 39.0세입니다. 브라질은 33.2세로 30대 전반, 인도는 27.9세로 30세도 채 되지 않습니다. 현재 활기를 띠고 있는 아시아 국가들은 싱가포르가 42.3세로 40대이지만, 베트남과 말레이시아가 각각 32.4세, 30.3세로 30대이고, 인도네시아, 미얀마, 필리핀은 29.6세, 29.3세, 24.7세로 20대입니다.

이를 캐릭터로 생각해본다면, 일본은 입사 25년차에 더 이상의 출세는 포기한 베테랑 직원, 프랑스와 영국은 아직 출세욕이 왕성한 40세 전후, 미국이나 중국은 일본의 10년 후배로 아직 의욕이 넘칠 때라고 할 수 있겠죠. 인도와 인도네시아는 아직 결혼도 하지 않은 청년으로 일과 노는 것 모두 매우 즐거울 때라는 느낌을 줍니다.

여러 번 말했지만, 40대에 접어들면 전두엽은 퇴화하기 시작합니다. 영상을 찍어보면 위축된 것을 눈으로 볼 수도 있습니다.

국민의 60% 이상이 40대 이상이라면 활력이 없는 것이 당연합니다.

변화에 적응하지 못하는 노인들

제가 하고 싶은 말은 인구는 감소하는데 노인만 늘고 있어 문제라거나 젊은 사람이 적기 때문에 소비가 줄고 시장이 작아지는 게 당연하다는 이야기가 아닙니다. 오히려 그 반대입니다.

고령자가 늘어나면 늘어나는 대로 그 현상에 적응해나가는 게 인간적인 거 아닐까요? 그리고 모두 함께 지혜를 짜내면 적응할 방법을 더 많이 생각할 수 있을 텐데 왜 그렇지 못할까, 혹시 새로운 환경에 적응하는 데 가장 중요한 전두엽이 제대로 작동하지 않아서가 아닐까 라는 말입니다.

물론 제 말이 100% 맞는 건 아니겠지만 현재 고령자 인구는 전체의 약 30%나 됩니다.

그들이 '실버 민주주의'라는 비아냥을 들으면서도 목소리를 내지 않고, 반론도 하지 않는 것이 오히려 나라의 정체를 초래하고 있다는 생각이 듭니다. 어린이 보육시설의 대기 아동 수는 계속 줄어들고 있는데, 요양원의 입소 대기자는 계속 늘어나는 중입니다. 왜일까요?

개개인을 살펴보면, 확실히 지금의 노인 중에는 아내에게 거들먹거리거나, 아직도 '내가 원래 사장이었다.'면서 자랑을 늘어놓다가 부부관계를 망치는 사람도 있습니다. 이것도 전두엽이 제대로 작동하지 않아서 벌어지는 일입니다. 변화하는 사회에 잘 적응하지 못하는 노인이 너무 많다는 생각이 듭니다.

IT 사회로 접어들면서 노인은 열외 대상이 되었습니다. 스마트폰을 제대로 쓰지 못해서, 컴퓨터를 잘 못 쓴다는 이유로 노인은 말하자면 따돌림을 받게 되었습니다. 그래도 계속 침묵하고 있었더니 이제는 AI가 나왔습니다. AI와 IT는 무엇이 다른가요. IT는 도구이기 때문에 사용하는 사람이 사용법을 익혀야 합니다. 그런데 AI는 니즈만 있으면 됩니다. 예컨대 AI 탑재 차량에 타서 행선지를 말하면 데려다줍니다. 뭔가를 찾아달라고 하면 찾아줍니다. AI가 도라에몽이고 노인이 진구인 것이죠. 뭐든 진구가 명령만 하면 AI가 알아서 해줍니다. 그런데 인구의 약 30%를 차지하는 노인들에게는 이 혜택이 돌아가지 않고 있습니다.

노인은 아웃풋이 약하기 때문에 자신의 권리를 제대로 주장하지 못하고 있습니다. 고령자가 많은 사회인 만큼 고령자가 좀 더 당당하게 자신의 권리를 요구해서, 고령자를 위한 신상품이 많이 개발되고, 고령자를 위해 엘리베이터가 기본 설치되는 등 배리어프리(Barrier-free, 장애인 및 노인 등 사회적 약자들이 편하게 살아갈 수 있게 물리적인 장애물, 심리적인 벽 등을 제거하자는 운동 및 정책) 사회를 지향해야 합니다. 그렇게 되면 다른 나라에도 본보기가 될 수 있습니다. 하지만 현재 상황은 전혀 그렇지가 않습니다.

이러한 일본 사회의 불변성을 저는 의사로서도 뼈저리게 느끼고 있습니다. 제가 노인 의료 분야에서는 이제 장기별 진료를 그만두고 종합 진료로 바뀌어야 한다는 내용의 『노인을 죽이지 말라!(老人を殺すな!)』(1996)라는 책을 쓴 지 벌써 25년이 지났는데 아직도 노인 의료 방식은 전혀 달라지지 않았습니다. 왜 이 나라는 변하지 않을까요? 이런 의문을 가진 사람이 분명 많을 텐데도 이렇게 변하지 않는 것에 대한 위기의식이 없다는 것은 도대체 무슨 의미일까요?

은근히 침묵을 강요하는 교육 제도

저는 지난 30년간 이 나라가 이렇게 침체된 것은 일본인의 전두엽이 쇠퇴한 것, 혹은 전두엽을 너무 사용하지 않은 것이 원인이라고 생각합니다. 하지만 아웃풋을 하지 않고, 마치 모두가 함께 가라앉는다면 두렵지 않다는 듯 침묵을 지키는 정서는 일본인 특유의 것일까요?

저는 그렇지 않다고 생각합니다. 물론 일본은 쇄국 기간도 길었고, 덕분에 '화목'이라는 미덕을 얻으면서 무언가를 외부에 알리거나 자신의 의견을 강하게 주장하는 것을 자제하는 경향이 강해졌습니다.

하지만 메이지유신이든 패전이든, 패러다임의 큰 전환이 일어난 시기에 선조들은 활발하게 토론을 거듭했고, 그 결과 멋진 부활을 이뤄냈습니다. 전공투 세대(1960~1970년대에 학생운동을 한 세대) 정도까지만 해도 의견 대립에 주저하지 않았던 것 같습니다.

원래 일본인은 지적 호기심이 왕성합니다. 에도시대 말기 일본인의 문맹률은 세계 최고로 낮았다고 하는데, 사실 의무 교육도 없던 시대에 농민을 포함한 많은 사람들이 글을 읽을 수 있었다는 것은 놀라운 일입니다. 게다가 아무런 강제성이 없었는데도 가난한 서민의 아이들도 서당에 다니며 공부를 했습니다.

서당에서 좋은 성적을 받는다고 해서 농부나 상민의 자녀가 무사 계급으로 승진하는 것도 아니었을 텐데, 이는 세계사적으로도 매우 드문 현상이라고 생각합니다. 일본 고유의 수학인 와산(和算)은 무사 계급부터 상민, 농민까지 오락으로 즐겼다고 하는데, 일본인은 이런 점을 더 자랑스럽게 생각해도 좋을 것 같습니다.

그렇다면 지금의 일본인은 어떨까요? 아무리 봐도 자유롭게 지적 호기심을 충족시키기보다는 자기 속박에 빠져 있는 것 같습니다. 여기에는 일본 특유의 교육 제도가 문제라는 생각이 듭니다. 제가 중고등학교와 대학을 거쳐 정신과 의사가 된 경력과 오랫동안 입시라는 측면에서 교육 분야에 종사했기 때문일지도 모릅니다. 저는 철록회(鉄緑会)라는 입시학원을 설립하고 통신 교육을 주관하며 입시평론가로서 여러 권의 책을 쓰기도 했습니다.

단순히 비난하기 위해 이런 글을 쓰는 것은 아닙니다.

저는 1960년에 오사카에서 태어나 초등학교 2학년 때 도쿄로 이사를 왔습니다. 오사카에서 나고 자란 어머니는 자식 앞에서는 강단 있는 분이셨지만, 도쿄에서 왕따를 당하지 않을까 걱정해주셨고(실제로 오사카 사투리 때문에 놀림을 받았지만), 그 때문에 도쿄에서는 한 학기만 다니고 지바로 옮겼습니다. 옮겨 간 곳은 간사이 지방에서 온 사람들의 사택이 밀집한 지역이었기 때문에 그곳에서는 오사카 사투리를 써도 괴롭힘을 당하지 않을 거라 생각한 거죠. 그런데 4학년이 되자 또 효고로 옮기면서 이번에는 도쿄 말을 쓴다는 이유로 괴롭힘을 당했습니다.

어머니는 "남들한테 맞추지 않아도 된다", "공부로 갚아주면 된다", "넌 특이하니까 평범한 회사원은 될 수 없다", "아무거나 자격증이라도 따라."라고 말하는 사람이었기 때문에, 저도 그렇다면 의사나 변호사가 되어야 하나 라는 생각이 들었던 것 같습니다. 그러는 와중에 남들과 다르다는 것이 '좋은 것'이라는 가치관을 자연스레 배운 것 같습니다.

저는 그런 편견을 가진 인간이라서 겁을 먹고 주위에 맞추기보다는 개성을 중시하는 게 낫고, 아웃풋이 중요하다고 생각하는 측면이 있습니다.

왕따 사건으로 자살하는 청소년들에 대한 뉴스를 볼 때마다 '왜 고통을 견디면서 계속 그 학교를 다니는 걸까?'라는 생각이 듭니다. 억지로 남에게 맞추며 학교를 다니지 않아도 살아갈 방법은 얼마든지 있습니다. 본인이 선택을 하든 안 하든, 적어도 어른은 아이들에게 도망치는 방법 정도는 가르쳐주어야 합니다.

게다가 지금의 젊은이들은 우리처럼 출산율이 높은 시대에 태어나 자연스레 경쟁에 노출되어 튀든지 침묵하든지 선택할 수밖에 없었던 세대와는 다릅니다. 일단 젊은이들의 수가 압도적으로 적습니다. 그 말은 '희소성이 높다.'는 뜻이기도 합니다. 저출산 문제는 분명 심각한 문제지만, 한편으로는 인력난으로 어딜 가나 우수한 인재를 구하기가 힘듭니다. 실제로 외국계 기업 외에도 초봉이 1억 원이 넘는 일본 기업이 등장하고 있으며, 동시에 여러 회사에 적을 두고 일하는 젊은이들도 많습니다. 후생노동성 조사에 따르면 20대의 이직률은 약 30%나 된다고 합니다.

그렇다면 이런 사회 분위기를 활용해서 좀 더 자유로운 재능 발산과 개성 있는 아웃풋, 혁신을 추구해도 좋을 겁니다. 그러나 많은 젊은이들이 그러지 못하고 있습니다. 과연 그 이유는 무엇일까요?

'머리가 좋다.'는 것은 무슨 뜻일까?

그렇다면 '우수하다'는 것은 어떤 의미일까요?

한국을 대표하는 대학인 서울대나 미국의 하버드대를 떠올려보세요. 출신자 모두가 우수하다고 할 수 있나요?

EQ라는 개념이 왜 만들어졌는지를 떠올려봅시다. 그렇습니다. EQ라는 것은 '하버드 같은 초일류 대학을 나와도 왜 사회적으로 성공하지 못하는 사람이 있을까?'라는 의문에서 출발한 것입니다. IQ가 무용지물이라는 말이 아닙니다. 하버드 같은 초엘리트 대학에서 과제를 잘 풀어내고 졸업하려면 높은 수준의 IQ가 필요합니다. 게다가 토론 능력도 뛰어나야 합니다. 하지만 사회적으로 성공하기 위해서는 거기에 더해 높은 EQ가 필요하다는 것이 EQ라는 개념의 기본 바탕에 깔려 있습니다.

즉, 우수하다는 것은 인풋에 해당하는 IQ와 전두엽을 사용한 독특하고 설득력 있는 아웃풋에 해당하는 EQ가 있어야만 충족되는 것이라고 저는 생각합니다.

우수한 사람이란 답이 정해져 있는 암기 시험이나 필기시험에서 좋은 점수를 받는 것뿐만 아니라, 자신과 사회가 직면한 '답이 정해져 있지 않은' 문제에서도 해결의 실마리를 찾을 수 있는 사람. 자기 나름대로 가공하고 편집하여 타인에게 전달하고, 시행착오를 거치면서 해결책을 도출해낼 수 있는 사람이 아닐까요? 저는 그런 우수성을 가진 사람이 진정한 의미의 '머리가 좋은 사람'이라고 생각하며, 다른 말로 하면 '전두엽을 잘 쓰는 사람'이라고 생각합니다.

따라서 서울대든 하버드대든 필기시험을 기준으로 하는 이상, 학력이라는 것은 그 결과일 뿐, 잣대로서는 충분하지 않다고 생각합니다.

그런데 일본의 입시제도나 교육 제도에는 이것 말고는 다른 잣대가 존재하지 않습니다.

제가 대학 입시를 치른 지 벌써 40년 이상이 흘렀습니다. 그런데 아직도 "도쿄대 의대 졸업이라니 대단하네요."라는 말을 들을 때가 있습니다. 사실 저는 의사 면허를 따기 직전까지는 강의도 제대로 이해하지 못할 정도로 못난 학생이었는데, 그런 저를 대단하다고 여기는 것은 '똑똑함'을 측정할 수 있는 다른 잣대가 없기 때문입니다. 도쿄대 입시 문제는 확실히 잘 만들어졌다고 생각하지만, 한 번에 끝나는 필기시험이라는 것에는 변함이 없습니다.

일본의 입학시험은 지식도 물론 중요하지만, 경향과 대책도 중요하고, 돌파할 수 있는 테크닉이라는 것이 분명히 존재합니다. 인풋한 것을 어떻게 '재현'할 수 있는지를 묻는 것이기 때문에 그런 의미에서 보면 진정 '머리가 좋은지'를 측정하는 시험은 아니라고 저는 생각합니다.

한편, 도쿄대 출신은 재미없다고 대놓고 말하는 사람도 있습니다. 도쿄대를 나온 사람 중에 재미없는 사람이 많다는 것은 저도 동의하지만, 사실 머리가 좋다는 것과 재미가 없다는 말은 정반대인 듯 보이면서도 뿌리는 같습니다. 즉, 다른 기준이 없이 학력만으로 사람을 판단한다는 말입니다. 이것도 역시 아웃풋 능력을 측정할 수 있는 방법이 현재 일본에는 없기 때문에 어쩔 수 없는 것일지도 모릅니다.

TV를 보다 보면 퀴즈 프로그램에서 현직 명문대생이나 고학력 연예인이 '머리가 좋은 사람 대표'로 출연하는 것을 볼 수 있습니다. 하지만 일반적으로 퀴즈라는 것은 필기시험과 마찬가지로 지식의 많고 적음을 묻는 것입니다. 퀴즈 프로그램에서 우승했다고 해서 정말 머리가 좋은 것일까, 저는 볼 때마다 의문이 듭니다.

일본은 지적 호기심이 왕성한 사람들이 많은 나라임에 틀림없습니다. 나이가 들어도 어려운 책을 읽는 사람이 많고, 자녀 교육에도 열심입니다.

하지만 최근에는 아이들의 학력이 점점 떨어지고 있습니다. 도쿄대를 비롯한 고등교육기관의 세계적 평가도 급락했습니다. 유효한 평가 기준 중 하나인 논문 수는 한국이나 스페인에 밀렸습니다. 문부과학성의 과학기술 학술정책연구원의 조사에 따르면, 2018년부터 2020년까지 3년간 자연과학 22개 분야에서 상위 10%에 속하는 논문 수는 일본이 3780개로 12위였습니다. 1위는 4만 6352개로 중국, 2위는 3만 6680개인 미국입니다(스페인은 10위, 한국은 11위).

분명 교육에 힘을 쏟고 있을 텐데도 국제적인 학력이나 연구력은 형편없는 수준입니다. 머리가 좋다는 기준을 어디선가 잘못 설정한 것이 아닌가 싶습니다.

질문하기를 꺼리는 사람들

저는 대학 졸업 후에 도쿄대 의대의 조교로 있던 시절, 약 3년간 미국 칼 메닝거 정신의학대학원에서 공부한 적이 있습니다. 그때 미국과 일본의 교육 문화 차이를 뼈저리게 느꼈습니다.

유학 시절 대부분의 수업에서는 다음 시간에 대비하여 논문을 읽는 숙제를 내주었습니다. 당연히 영어 논문이고, 한 주에 300~400페이지씩은 읽어야 하기 때문에 정독하는 데 상당한 시간이 걸렸습니다. 유학 초기에는 영어를 알아듣는 것도 어려웠기 때문에 예습을 위해 숙제 논문을 꼼꼼히 읽었습니다. 그러다 보니 어느새 강사가 말하는 내용을 이해할 수 있었습니다. 강의 내용에 감탄을 하며 묵묵히 수업을 들었습니다.

그런데 미국인 학생들은 강사가 "질문 있습니까?"라고 물으면 손을 번쩍 들었습니다. 분명 숙제인 논문을 읽어보면 알 수 있는 내용인데도 굳이 질문을 하는 학생이 많았습니다.

그런데 평가 결과를 보면 저는 '적극적으로 강의에 참여하지 않았다.'며 C나 D를 받고, 제가 보기에 쓸데없는 질문을 했던 미국인 학생이 더 높은 점수를 받았습니다. 처음에는 납득할 수 없었지만 결국은 저도 깨닫게 되었습니다.

수업의 이해도나 습득력을 중시하는 일본과 달리 미국에서는 강의에 참여하는 적극성과 호기심을 중요하게 여긴다는 사실을 말입니다.

어느 쪽이 더 낫다는 이야기가 아닙니다. 하지만 미국 입장에서 보면, 질문을 할 수 있다는 것은 적어도 그 앞부분까지는 잘 이해했다는 뜻이나 마찬가지입니다. 거기까지 이해하지 못하면 전혀 엉뚱한 질문이 되기 때문인데, 미국에서는 종종 엉뚱한 질문을 당당하게 던지는 경우도 많습니다.

일본에서는 대학 수업뿐만 아니라 강연에서도 질의응답 시간에는 손을 들지 않다가 끝나고 나면 개별적으로 질문을 하러 오는 사람이 꽤 많습니다. 그런 사람일수록 '제대로 들었구나.'라는 생각이 들 정도로 정확한 질문을 하기도 하고, 왜 아까는 물어보지 않았을까 하는 생각이 들기도 하지만, 일본인이 남들 앞에서 질문하는 것을 부끄러워하는 경향이 강하다는 것은 저도 일본인이라 모르는 게 아닙니다.

다만 여기에는 교육의 방향성을 두고 큰 차이가 드러나는 것 같습니다. 비단 대학뿐만 아니라 고등학교, 중학교, 초등학교에서도 마찬가지입니다.

'이런 질문을 하면 잘 모르는 사람 같아서 바보 취급을 당하지 않을까?'라는 생각에 위축되는 것은 교사가 '정답'을 쥐고 있고, 가르친 내용을 그대로 '재현'하는 것에 중점을 두고 있기 때문이 아닐까요? 조금이라도 정답에서 벗어나면 감점을 당한다는 게 두려운 것입니다. 그러니 차라리 얌전히 강의를 듣고, 시험 때 선생님에게 배운 내용을 깔끔하게 알아맞히는 데만 신경을 쓰는 것입니다. 그래야 더 좋은 성적을 받을 수 있으니까요.

그와 반대로 미국인이 엉뚱한 질문도 당당하게 할 수 있는 것은(엉뚱한 질문을 한 사람의 평가는 차치하더라도) 본인에게는 '질문'이라는 아웃풋이 '여기까지 이해했다.'는 가산점을 받을 수 있는 기회이고 정확한 정답을 말할 필요도 없기 때문입니다.

교사 입장에서는 학생이 엉뚱한 질문을 해도 그것 자체가 자신의 강의를 더 알아듣기 쉽게 다듬을 수 있는 기회이기 때문에 배제하지 않는 것입니다.

그렇게 생각하면 이해가 되기도 합니다. 제가 교사라고

해도 필기시험 외에 학생들의 이해도를 측정할 수 있는 방법이 없다면 조용한 교실에서 계속 자기주장을 늘어놓을 수밖에 없고, 학생들은 계속 듣고 있을 수밖에 없을 것입니다. 그런 이유로 우리의 교육은 점점 더 일방통행이 되었습니다.

질문이라는 것은 하나의 예에 불과합니다. 또한 제가 아무리 '아웃풋을 늘리자.'고 해도 갑자기 사회적 분위기가 바뀌기는 어려울 것입니다. 이렇게 질문하지 않는 사회 풍토를 바꾸기 위해서는 우선 우리의 교육부터 바꿀 필요가 있다고 생각합니다.

아웃풋할 기회가 없는 교육

저는 중등교육과 초등교육에서는 인풋을 많이 해야 한다고 생각합니다. 아무리 아웃풋이 중요하다고 해도 지식이 너무 없는 사람은 참신한 아이디어도, 혁신도 만들어낼 수 없기 때문입니다. 고지식하다고 할지 모르겠지만, 에디슨은 '천재는 1%의 영감과 99%의 노력으로 만들어진다.'고 말했습니다. 부족한 지식을 짜깁기한 아이디어는 오히려 몽상이라고 해야 합니다. 따라서 지식과 경험이라는 인풋은 필요합니다. 다만, 고등교육에서는 아웃풋 훈련이 필요합니다. 이는 선생님의 이야기를 가만히 듣고만 있는 것이 아니라, 지금까지의 지식을 바탕으로 어떤 현상에 대한 가설을 세우고, 실험하고(검증하고), 고찰하는 과정을 반복해서 자신의 가설을 외부에 개진할 수 있는 수준까지 끌어올리는 훈련을 말합니다.

하지만 일본 대학에서는 이것이 좀처럼 쉽지 않은 것이 현실입니다. 영국 옥스퍼드대나 미국 하버드대에서도 입학 면접을 실시합니다. 입학처(입학사무국)의 시험관이 면접을 보는 것이 일반적이며, 교수는 면접을 하지 않습니다. 일본과는 대학 운영방식이 다르기도 하지만, 그들은 교수의 의견을 거스르고 논쟁을 벌이는 학생을 우선적으로 뽑는다고 합니다.

그러나 일본에서는 정반대의 일이 벌어지고 있습니다. 특히 의대 입시가 그렇습니다. 일본 내 82개의 모든 의과대학에서 입시 면접이 있는데, 면접관은 전부 대학교수가 담당합니다.

드라마로도 만들어진 『하얀 거탑』에서 묘사된 것처럼, 예전에는 의대 교수를 정점으로 한 권력 피라미드 체제가 형성되어 있었습니다. 최근에는 그런 노골적인 위계질서가 무너졌다고는 하지만, 학생들은 입학하기 위해 교수에게 잘 보이려고 애쓰고, 입학 후에도 마찬가지일 것입니다. 교수도 자신의 말을 잘 들을 것 같은 학생을 뽑고 싶은 것이 인지상정입니다.

하지만 학문의 세계에서 이런 구조가 과연 건전한 것일까요?

앞에서도 말했듯이, 일본의 교육은 교사가 학생에게 일방통행으로 진행되는 경향이 있습니다. 그것이 대학에 들어가서도 계속된다면 도대체 어디서 아웃풋 훈련을 할 수 있을까요? 그래서인지 지금의 의대생들은 모두 얌전하고 말 잘 듣는 아이들로만 보입니다. 가뜩이나 강의와 실습, 시험으로 바쁘니 의사 국가고시 합격을 위한 커리큘럼을 짜는 대학도 있다고 합니다. 아웃풋은커녕 대학에서까지 주입식 교육이 이뤄지는 것입니다. 국가고시 직전까지 강의에 빠지지 않고 공부했던 제 학창 시절은 이제 완전히 옛날이야기가 되었습니다. 당연히 학생운동이 일어나고 있는 의대는 한 군데도 없습니다. 도쿄대 의대의 경우에는 교수의 논문 부정과 연구비 부정에 학생들이 공개질의서를 냈더니, 바로 준비라도 한 듯 입시 면접 제도를 도입했습니다.

교수진도 어려움이 있겠지만, 그런 환경에서 과연 의학과 의료가 크게 발전할 수 있는 혁신이 나올 수 있을지 의문이 들 수밖에 없습니다.

이러한 대학에 대한 우려는 비단 의대뿐만이 아닙니다. 매년 노벨상 발표 시기가 오면 우리 사회는 그 이야기로 들 끓습니다. 지적 호기심이 왕성한 우리에게 노벨상은 큰 관심사라는 뜻이겠죠. 수상자가 나오면 더더욱 그렇습니다.

그러나 일본인 노벨상 수상자는 거의 대부분 유학 경험자나 기업의 연구자입니다. 일본 대학에서만 연구한 사람은 거의 없습니다. 유학 경험 없이 오로지 일본 대학에서만 연구를 하다가 노벨상을 받은 사람은 물리학자 외에는 후쿠이 겐이치 씨(1981년 노벨 화학상 수상) 정도입니다. 우리는 이제 이 사실을 진지하게 받아들여야 합니다.

일본의 대학 연구실은 교수를 필두로 한 구조로 상하관계가 엄격합니다. 미국에서는 교수와 조교가 서로 이름을 부르는 것이 당연하지만, 일본은 그렇지 않습니다. 교수의 권력이 강하고, 학생이 독자적인 연구를 하려면 상당한 실력을 갖춰야 합니다. 그러니 해외로 나가야겠다는 생각이 드는 게 이상하지 않습니다.

그런데 유독 물리학자만이 일본 대학에서만 연구를 했는데도 노벨상을 받았습니다. 그 이유가 궁금해 도쿄대 물리학과의 전통을 알아보니 굉장히 흥미로웠습니다.

도쿄대 물리학과는 에사키 레오나 씨(1973년 노벨 물리학상), 고시바 마사토시 씨(2002년 노벨 물리학상) 등 여러 수상자를 배출했는데, 예전부터 교수와 조교 모두 서로를 '~씨'라고 부른다고 합니다. 다른 대학에서는 본 적이 거의 없는 관습입니다. 그런 자유로운 분위기가 세기의 발견으로 이어지는 혁신을 만들어내는 것 같습니다.

참고로 노벨상은 주로 20~30년 전의 연구 성과에 대해 시상합니다. 인구가 절반도 안 되는 한국에 밀릴 정도로 논문 수가 감소하고, 연구비도 감소 추세인 일본의 과학 분야에서 앞으로는 노벨상 수상자가 얼마나 나올 수 있을까요?

에듀케이션, 에듀케이션, 에듀케이션!

저는 고등교육에서는 전두엽을 단련하는 커리큘럼이 필요하지만, 초중등 교육에서는 어느 정도의 주입식 교육도 필요하다고 생각합니다. 물론 아이의 자율성을 중시하는 교육도 중요합니다. 아이들은 마음껏 자유롭게 성장해야 하지만, 앞서 말했듯이 아웃풋을 위해서는 인풋이 필요합니다. 이를 위한 주입식 교육을 부정하지는 않습니다.

그 이유는 뇌의 각 부위별 발달 시기 때문입니다.

사람의 뇌는 뒤쪽부터 발달한다고 알려져 있습니다.

가장 먼저 발달하는 것은 시각인지의 중추인 '후두엽'입니다. 말을 할 수 없는 아기는 눈앞의 세상을 보면서 다양한 시각 정보를 저장합니다. 그 후 소리와 언어에 관한 정보를 다루는 '측두엽'과 신체 감각과 동작을 담당하는 '두정엽'이 5세 정도까지 발달의 정점을 찍는다고 합니다. 전두엽은 다른 부위에 비해 발달이 늦어, 그 발달이 정점에 도달하는 시기는 10대, 완성되는 시기는 20대 중반으로 알려져 있습니다.

즉, 개인차는 있겠지만, 사람이 저장한 기억과 지식을 잘 운용할 수 있게 되는 시기는 10대 중반 이후라는 뜻입니다.

주입식 교육이 합리적이라고 생각하는 이유가 여기에 있습니다. 전두엽의 기능이 아직 충분히 발달하지 않은 어린 시절에 전두엽을 단련하는 것은 큰 의미가 없지만, 때가 되면 전두엽이 사용할 수 있도록 지식과 정보를 조금이라도 더 많이 쌓아두는 것이 좋습니다.

1940~1960년대에는 심리학자와 교육 관계자들 사이에서 '외재적 동기부여론'이라는 개념이 유행했습니다. 쉽게 설명하면, 사람의 행동은 보상에 의해 동기가 부여된다는 이론입니다. 즉, 아이에게 공부를 시키려면 눈앞에 당근(보상)을 매달아 동기를 부여해야 한다는 생각이죠. 반대로 공부를 하지 않으면 벌을 주는 것입니다.

이에 반발하여 나온 것이 '내재적 동기부여론'입니다. 사람은 내면의 심리적 욕구에 따라 행동하는 존재이기 때문에 과제 자체에 기쁨과 만족을 느끼면 그 과제에 임할 것이라는, 개인의 자유의지를 존중하자는 이론입니다.

부모나 교사가 감독하면서 사탕과 채찍으로 공부를 시킬 것인가, 아니면 아이의 자율성을 존중하여 원하는 것만 공부하게 할 것인가.

이 논쟁이 벌어진 후 미국과 영국에서는 외재적 동기부여로는 창의성을 키울 수 없으니 주입식 교육을 중단해야 한다는 목소리가 커졌고, 그 결과 자유 교육, 이른바 유토리 교육(주입식 교육을 지양하고 창의성과 자율성 존중을 표방)을 도입하는 학교가 늘어났습니다. 하지만 이후 심각한 학력 저하가 발생했고, 동시에 국력도 떨어졌습니다.

이러한 상황을 반영하여, 1981년 미국에서는 로널드 레이건이 대통령에 취임한 직후 전국 학력 조사를 실시한 결과, 읽기, 쓰기, 계산을 못하는 청소년이 급증하고 있다는 사실이 밝혀졌습니다.

이 교육 위기 상황을 당시 교육부 장관이었던 테렐 하워드 벨이 연방 보고서를 통해 호소하고 1983년에 '위기에 처한 국가'라는 리플렛을 발간하자, 무려 3500만 부 이상이라는 폭발적인 판매량을 기록했습니다. 그만큼 많은 미국인이 자녀 교육에 대한 위기감을 느끼고 있었던 것입니다. 미국에서 '구몬'이 유행하기 시작한 것은 그 후의 일입니다. 읽기, 쓰기, 계산의 중요성이 재인식된 것이죠.

1990년대에 들어서자 영국에서도 토니 블레어가 교육 개

혁에 나서면서 총리 취임 연설에서 "에듀케이션, 에듀케이션, 에듀케이션!(교육, 교육, 교육!)"이라는 명언을 남겼습니다.

이렇게 영국과 미국에서는 유토리 교육과 결별하는 반면, 일본에서는 정반대의 현상이 일어납니다. 일본에서는 1990년대에 중학생 수학 학력이 한국과 대만에 추월당해 학력 저하가 우려됐음에도 불구하고, 2002년부터 본격적으로 유토리 교육이 시작됩니다.

왜 이런 일이 벌어졌을까요?

일본의 유토리 교육은 1972년에 일본교총이 자율성이 높은 영국과 미국의 교육 상황을 참고하여 제안한 계획입니다. 보통은 일본교총의 의견을 반대하던 정치권에서도 무슨 일인지 인정을 했고, 임시교육심의회에서도 무사히 채택되며 재계의 환영도 받았습니다. 아마도 자신들의 세습을 위해서는 필기시험 중심으로는 곤란하다고 생각한 것이 아닌가 하는 추측을 하게 됩니다. 게다가 이후에 나타난 영미권의 학력 저하와 국력 저하에 대해서는 우려하지 않고, 입안 당시의 상태 그대로 계획을 추진했습니다. 문제점 개선에 대한 논의도 제대로 이루어지지 않았고, 결국 영국과 미국이 겪은 시행착오를 똑같이 겪게 된 것입니다. 추진을 주도

한 교육학부 교수들은 아무래도 유학 시절의 지식을 절대시하고 그 이후의 변화에 대해서는 제대로 공부하지 않은 것 같습니다. 그야말로 전두엽 기능부전의 한 패턴입니다.

유토리 교육은 2010년대 초반까지 이어졌는데, 이때를 떠올리면 제가 주입식 교육을 부정하지 않는 이유가 이해될 겁니다.

같은 이유로 저는 입시 공부도 부정하지 않습니다. 인풋을 많이 해서 아웃풋으로 이어졌으면 좋겠습니다. 또 학교에 가야 경쟁을 경험하게 됩니다. 남들과 똑같이 하면 경쟁에서 뒤처질 거라는 생각을 하게 되는 거죠. 지금의 아이들이 '어떻게 하면 살아남을 수 있을까?'를 고민할 수 있는 기회가 얼마나 있는지 생각해보면 입시 공부는 어쩌면 꼭 필요한지도 모르겠습니다.

아웃풋을 유도하는 핀란드의 교육

그렇다고 유토리 교육이 의미가 없다는 말은 아닙니다.

21세기에 들어서면서 교육 분야에서 주목받고 있는 나라가 북유럽에 있습니다.

바로 핀란드입니다. 읽고 쓸 줄 아는 인구의 비율이 100%로 일본의 99%보다도 높습니다. 앞에서도 말했지만 에도 시대 말기 일본인의 문맹률은 동시대 세계 최고로 낮았다고 하는데, 당시에 실제로 문맹률이 가장 낮았던 나라가 핀란드입니다. 핀란드 사람들은 지금도 그 사실을 매우 자랑스럽게 생각합니다.

핀란드는 1686년에 세계 최초의 의무교육법이라 할 수 있는 스웨덴-핀란드 교회법을 제정한 이래 국민 대부분이 글을 읽고 쓸 수 있는 사회가 되었습니다. 이는 핀란드가 오랫동안 스웨덴 왕국의 통치하에 있었기 때문에 스웨덴어를 강제로 배운 것과 결혼할 때 성경을 읽을 수 있어야 한다는 종교적 규정이 있었던 것과 관련이 있습니다.

인구는 대략 553만 명으로 결코 큰 나라는 아니지만, 초등교육부터 대학교육에 이르기까지 독자적인 시스템을 구축하고 있습니다. OECD가 2003년에 시행한 공통시험인 PISA(15세를 대상으로 한 '독해력', '수학적 리터러시', '과학적 리터러시', '문제해결능력' 영역의 시험)에서는 종합 세계 1위 정도를 기록했고, 그 후에도 계속 상위권을 유지하고 있습니다.

일본이 유토리 교육을 중단하게 된 계기가 된 것도 2003년 PISA 때문이었습니다. 당시 일본의 순위가 급락한 것을 'PISA 충격'이라고 부르며 이제 막 시작한 유토리 교육에 대한 의문이 제기되었습니다. 이때 모든 항목에서 핀란드는 일본보다 상위권을 차지했습니다.

핀란드는 의무교육(기초학교) 기간 9년은 물론 대학원 수업료까지 무료이며, 18세까지는 교재비, 급식비, 통학비 등도 전액 무료입니다. 모든 아이가 평등하게 교육을 받을 수 있는 환경이 조성되어 있습니다.

그리고 학생의 개성을 존중하기 위해 유토리 교육도 도입했습니다. 하지만 개개인에 맞는 수준 높은 교육을 위해 교사가 되려면 석사학위 취득을 필수로 하는 등 교사 양성에도 힘쓰고 있습니다.

교육이 국가의 미래를 지탱한다고 생각하기 때문에 고급 인력을 교육 현장에 적극적으로 투입하는 것입니다. 그 때문인지 핀란드는 2022년까지 5년 연속으로 세계 행복지수 순위에서도 1위를 차지했습니다.

그렇다면 유토리 교육이 문제라고 보기는 어렵습니다. 무엇이 차이를 만드는 것일까요?

저는 교사가 처한 환경이 가장 큰 이유라고 생각합니다. 핀란드 교사의 월급은 일본에 비해 그리 높지 않다고 하는데, 그 대신 담임의 부담이 적고 자신의 전문 과목 수업에만 집중할 수 있는 것이 큰 특징이라고 합니다. 전국적으로 통일된 학습 지도안은 있지만, 실제 수업을 어떤 방식으로 할 것인지는 현장의 재량에 맡기기 때문에 가르치는 쪽에서도 의욕이 생긴다고 합니다.

일본에서 교사가 담임을 맡으면 학부모 응대, 학교폭력 관련 업무 등 수업 외의 잡다한 업무에 쫓기는 반면 핀란드의 경우에는 교사가 야근이 적고 휴가도 많아 학생들에게도 인기 있는 직업이라고 합니다. 시찰차 핀란드를 방문했을 때 인상 깊었던 것은 학급당 학생 수가 매우 적다는 점이었습니다. 일본은 아직도 한 학급을 40명에서 35명으로 줄이려고 하는 수준인데, 핀란드에서는 한 학급이 17~18명 정도입니다.

핀란드뿐만 아니라 현재는 가능한 한 적은 인원으로 학급을 구성하는 것이 전 세계 교육의 트렌드인데, 일본은 이 점에서도 상당히 뒤처져 있습니다.

일본의 경우는 무엇보다 교사 부족이 가장 큰 문제일 것입니다. 소수 학급을 만들어도 교사 수가 부족하면 학급을 편성할 수 없을 것이고, 교사 부족은 긴 근무 시간과 휴가 부족 상태를 만들며 그것이 다시 교사 부족을 일으키는 악순환에 빠져 있습니다.

세금을 국방비에 쓰는 것보다 교육에 쓰는 것이 미래를 훨씬 더 밝게 만듭니다.

또 한 가지는 핀란드 교육의 특징으로 자주 언급되는 '교사가 조력자'라는 점입니다. 교사가 정답을 제시하는 것이 아니라, 학생들이 스스로 질문을 던지고 해결하는 과정 속에서 조력자로 존재한다는 뜻입니다. 물론 이를 위해서는 교사로서 고도의 기술이 필요하고, 또 학생 수가 너무 많은 경우 쉽지 않은 건 사실입니다. 그래도 아이들이 지식을 습득하는 인풋의 첫 단계에서 전두엽을 쓸 수 있게 유도할 수는 있습니다. 즉 의문을 갖게 만들고, 자꾸 질문을 던질 수 있도록 분위기를 조성하는 것이죠.

저는 천재에 관심이 많은데, 날이 갈수록 드는 생각은 천재라는 것은 발굴하기 어렵고, 그 재능을 망가트리지 않는 것만이 가능하다는 것입니다. 교육으로 천재를 만들기 위한 다양한 연구가 이루어졌지만, 애초에 천재적인 두뇌를 가지고 태어나는 사람은 극소수라는 점에서 결국 어떤 교육을 하든 확률론으로 귀결될 수밖에 없습니다.

교육으로 오히려 망가지는 천재는 얼마든지 있습니다.

핀란드에서 천재가 배출되고 있는지는 잘 모르겠습니다. 하지만 천재의 출현을 허용한다면, 교육이 할 수 있는 것은 사실 '천재를 망가트리지 않는 것'밖에 없습니다. 그 점에서도 저는 유토리 교육을 부정할 수 없고, 핀란드의 교육에서 배워야 할 점이 있다고 생각합니다.

시행착오의 중요성

이에 반해 일본의 초중등교육은 어떨까요? 주입식 교육도 중요한데 과연 학교 교육에서 이것이 제대로 이루어지고 있을까요? 결국 학원에 의존하고 있는 것은 아닐까요?

아니면 반대로 스스로 생각하는 힘을 길러주고 있을까요?

아이의 뇌는 어른과 달리 유연합니다. 자극을 받으면 뉴런과 뉴런이 시냅스를 만들고, 자극을 받으면 받을수록 시냅스가 늘어납니다. 그렇게 뇌에 정보 전달 경로가 만들어지는데, 어린 시절의 뇌는 어떻게 보면 아직 정돈되지 않은 상태라고 할 수 있습니다. 나이를 먹으면서 잘 쓰이는 경로는 남고, 효율적이지 않은 경로는 사라집니다. 하지만 처음부터 자극이 적은 상태로 두면 시냅스는 늘어나지 않고, 경로도 늘어나지 않습니다. 일정한 일만 시키면 일정한 경로만 사용합니다.

뇌가 성장 과정에 있는 어린 시절에는 최대한 많은 자극을 주고, 이것도 해보고 저것도 해보는 시행착오를 겪으면서 다양한 경로를 유지하게 하는 것이 생각하는 힘을 기르는 데 매우 중요합니다. 하지만 우리의 교육 현장에서는 뇌에 다양한 경로를 만들어서 남기는 것보다는 마치 '외길'을 만들려는 듯 보입니다.

과학 실험만 봐도 미리 정해진 순서와 답이 있는 것들뿐입니다. 예를 들어, 'A와 B를 이런 식으로 섞으면 색이 변한다.'는 식입니다. 물론 아이가 다치지 않도록 주의하는 것은 중요합니다. 이런 방식의 수업은 한정된 시간 안에 실험 절차를 가르치기에는 효율적이기도 하겠지요.

하지만 과학이 과연 그런 '작법'을 배우는 과목일까요?

원래 실험이라는 것은 실패가 따르기 마련입니다. 가설을 세우고, 실제로 손을 움직이고, 실패하면 그 이유를 찾고, 방법을 바꿔서 다시 도전하는, 시행착오 끝에 자신의 가설을 증명하는 것이 바로 실험입니다. 실패가 없는 실험은 실험이 아니며, 그 시행착오 속에서 전두엽이 단련됩니다.

기본적으로 '답은 하나'라고 가르치는 방식이 문제입니다. 물론 정답이 여러 개인 문제는 채점하는 입장에서 비효율적일 수밖에 없겠죠.

국어 시험 문제에도 '이때 주인공은 무엇을 느꼈을까요?'와 같은 문제가 자주 나옵니다. 문장의 앞뒤를 읽으면 하나의 답에 도달할 수 있도록 설계되어 있는데, 타인의 감정에 공감하는 마음을 기르기보다는 타인의 생각을 그대로 모방하거나 그저 미루어 헤아리는 법을 가르치는 것 같다는 생각이 듭니다.

앞서도 말했지만, 사람은 성인이 되면 뇌의 신경 경로가 줄어들고, 뇌를 효율적으로 사용하는 만큼 시행착오를 겪지 않게 됩니다. 생각을 단축하고 짧은 시간 안에 다음 행동으로 옮길 수 있는 것은 어쩌면 교육 덕분일지도 모릅니다. 하지만 그것만이 목적이 되어버리면, 모처럼 생긴 전두엽이 일할 기회가 사라집니다.

자기 주도적인 학습을 위해 시행착오를 반복하게 하는 핀란드의 교육법은 이런 면에서도 배울 점이 있습니다. 엄청난 양의 숙제 때문에 이런저런 방법을 궁리하며 전두엽을 사용하는 것이 사실상 불가능한 학교 시스템에도 분명 문제가 있습니다. 명문대 학생들까지 전두엽이 나쁜 상태라는 것이 큰 문제입니다.

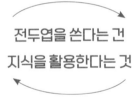

전두엽을 쓴다는 건 지식을 활용한다는 것

우리는 확실히 전두엽을 단련하는 교육을 받지 못했습니다. 인풋 중심의 교육을 받은 반면 아웃풋에 대한 교육은 거의 받지 못한 거죠. 그러니 어려운 책을 읽고 이해하는 능력은 높을지 몰라도 매력적인 질문을 던지거나, 대중 앞에서

Q. EQ가 높은 사람들의 특징은?

→ 솔직하고 끈기가 있다.

→ 스트레스가 생겨도 잘 이겨낸다.

→ 자기주장에 갇혀 있지 않고 유연한 사고를
한다.

→ 남의 이야기를 잘 듣고 먼저 사과할 줄 안다.

→ 공감 능력이 좋아서 친구가 많다.

말을 하거나, 다른 사람을 설득하거나, 토론하는 데는 서투른 사람이 많습니다. 학력과 프레젠테이션 능력은 상관관계가 없기 때문에 학력이 높다고 해서 재미있는 이야기를 말로 하거나 글로 쓸 수 있는 것은 아닙니다. 명문대 출신은 재미없는 사람이 많다는 것은 사실일지도 모르지만, 그렇다면 우리는 대학이라는 최고 학부를 IQ 이외의 잣대로 측정할 수 있을 만큼 변혁을 이뤄냈을까요? 이를 목표로 하는 면접이나 자기소개서 등을 통한 채용에서도 결국 교수가 선호할 만한 내용이 좋은 평가를 받고, 오히려 사고 패턴이 획일화되고 있는 것이 현실입니다. 다양성의 시대라고 말은 하면서도, 특이한 아이들은 기회를 빼앗기고 있는 게 현실입니다. 이것이야말로 천재성을 죽이는 교육입니다. 특히 의대 입시 면접이 그렇습니다.

백보 양보해서 지금까지는 어쩔 수 없었다고 합시다. 또 어른들이 스스로 바뀌기 위해 노력한다고 해도 아이들과 청소년들도 그럴 수 있을까요?

『사고정리학』(뜨인돌, 2009)을 쓴 도야마 시게히코 씨도 줄곧 제가 하고 싶던 말을 해왔습니다. "선생님과 교과서를 통해 수동적으로 배우는 글라이더형 인간이 아니라 자신의 머리로 생각하고 스스로 날아다니는 비행기형 인간이 되어야 한다."라고 말이죠.

시험이 필요 없다는 게 아닙니다. IQ를 높이고 교과서 내용을 머릿속에 채워서 그 내용을 시험장에서 어떻게 재현할 수 있느냐 하는 것도 두뇌 발달을 위해서는 중요한 일이라고 생각합니다.

하지만 그 내용을 어떻게 활용할지 자신의 뇌로 생각하게 하는 훈련도 필요합니다. 무엇을 어떻게 생각해낼지, 자신의 생각을 어떻게 타인에게 전달할지, 타인이 받아들이게 하려면 어떻게 해야 할지를 훈련해야 합니다. 이런 훈련을 하면 두뇌가 발달할 수밖에 없습니다.

또 그렇게 하다 보면 기존의 관념에 이의를 제기하고 토론을 활발히 하는 문화가 정착될 수 있겠죠. 우리의 교육 현장이 이러한 시행착오를 겪을 수 있는 장이 되면 좋겠습니다. 그렇게만 된다면 지금은 비록 전두엽 기능부전의 사회일지라도 언젠가는 전두엽 기능이 발달된 사회로 거듭날 수 있을지도 모릅니다.

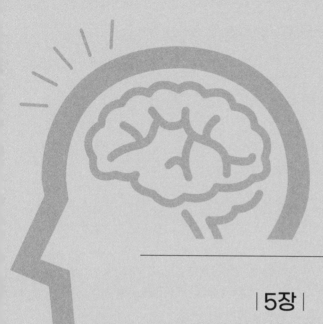

| 5장 |

100세 시대, 즐겁게 사는 사람들의 조건

자극이 없는 한, 뇌는 퇴화한다

Secrets of the ageless brain

인생 후반전은 전두엽에 달렸다

이 장에서 말하고 싶은 것은 '자신을 즐겁게 하는 것', '다른 사람을 즐겁게 하는 것'이 결국 전두엽을 활성화시켜 건강하고 오래 살 수 있게 해준다는 것입니다.

일본인의 평균수명은 남성이 81.5세, 여성이 87.6세 (2021년 통계)로 세계 최고 수준입니다.

하지만 이 수치가 모두가 바라는 건강한 장수를 나타내는가 하면, 안타깝게도 그렇지는 않습니다. 몸과 마음이 모두 건강한 '건강수명'은 2019년 통계에 따르면 남성이 72.7세, 여성이 75.4세입니다. 평균수명과는 남성이 약 9년, 여성이 약 12년의 차이가 납니다. 이는 건강상의 이유로 생활에 지장을 느끼며 살아가는 평균적인 기간을 나타냅니다.

어떻게 하면 이 기간을 단축시킬 수 있을까요? 어떻게 하면 70대, 80대를 만족스럽게 보낼 수 있을까요? 마지막 장에서는 그 점을 짚어보고자 합니다.

여기서 질문을 하나 해보겠습니다. 3년 넘게 지속된 코로나 사태로 가장 큰 피해를 입은 사람은 누구였을까요? 요식업? 관광업? 소매업?

저는 고령자라고 생각합니다.

물론 모든 업계가 어려움을 겪은 게 사실입니다.

65세 이상의 이른바 고령자의 비율은 이제 일본 인구의 29.1%, 즉 30%에 육박합니다. 이 30%나 되는 사람들이 거리로 나가지 못하고, 여행을 가지 못했다면 당연히 요식업이나 관광업뿐만 아니라 국가 경제가 큰 타격을 입을 수밖에 없습니다.

하지만 그럼에도 불구하고 고령자가 잃은 것이 훨씬 더 많지 않았을까 라는 생각이 듭니다.

정부 측은 감염자 수, 사망자 수를 줄이는 데 중점을 뒀기 때문에, 한번 걸리면 중증으로 악화될 것이 예상되는 고령자의 감염 위험을 크게 우려했습니다. 노인에게는 불필요한 외출을 하지 말아달라고 호소했고, 실제로 감염이 주로 젊은 층에서 유행하고 있음에도 노인들에게만 외출을 자제하라고 요구하는 지자체도 있었습니다. 병원과 요양 시설에서도 오랫동안 면회가 금지되어 코로나가 원인이든 아니든 고독하게 돌아가신 분들이 많았습니다.

고령자가 감염되면 중증이 된다, 중증이 되면 병상을 오래 차지하여 병상이 부족해진다, 의료 대란, 아니 의료 붕괴가 올 수도 있다 등의 뉴스가 연일 방송되자 '민폐를 끼쳐서는 안 된다.'며 스스로 집에 틀어박힌 노인도 많았습니다.

그랬더니 어떤 일이 일어났을까요? 이른바 '건강 2차 피해'가 일어났습니다.

외출을 하지 않고 다른 사람을 만나지 않는 생활이 길어지면 건강한 사람이라도 심신에 영향을 받습니다. 실제로 어떤 조사에서는 60대 이상에서 '건망증이 심해졌다', '삶의 보람을 느끼지 못한다.'는 사람이 늘었으며, '인지 기능 저하와 정신 상태에 미치는 영향도 심각하다.'는 조사 결과가 나왔습니다.

일본에서는 '프레일'이라는 용어를 쓰는 데 영어의 'frailty'(허약, 노쇠)에서 나온 말로, 2014년에 일본 노인의학회가 제안한 용어입니다. 노화로 인해 신체 기능이나 능력이 저하된 상태를 말하며 쉽게 말해 곧 간병이 필요한 상태가 되었음을 나타냅니다. 체크 항목으로는 다음의 5개 항목이 있으며, 이 중 3개 항목에 해당되면 프레일이라는 진단을 받습니다.

체중이 감소한다(6개월 이내에 2kg 이상의 의도하지 않은 체중 감소).

활동량이 줄어든다(가벼운 운동, 체조 또는 규칙적인 운동, 스포츠 중 어느 것도 '일주일에 한 번도 하지 않는다.'고 응답).

쉽게 피곤해진다(최근 2주 동안 이유 없이 피곤한 느낌이 든다).

걷는 속도가 느려졌다(초속 1미터 미만).

악력이 약해졌다(남성은 28kg 미만, 여성은 18kg 미만).

초속 1미터라고 하면 생소하겠지만, 보행자 신호등이 녹

색에서 점멸로 바뀌기까지 걸리는 시간이 보통 1미터당 1초 이상으로 설정되어 있다고 합니다. 즉, 어떤 신호등이든 깜빡일 때까지 건너지 못하면 초속 1미터를 넘지 못한다고 볼 수 있습니다.

이렇게 몸이 약해진 증세를 보이는 사람들이 코로나 사태 이후 크게 늘어났습니다. 쓰쿠바대학 등이 고령자를 대상으로 한 조사에 따르면, 2015년에는 1년 동안 조사 대상의 11%가 새롭게 프레일 증세를 보인 경우가 많았는데, 코로나가 시작된 2020년에는 16%로 증가했다고 합니다. 대략 1.5배입니다. 만약 코로나 사태가 발생하지 않았다면 프레일 상태가 되지 않았을 사람도 많습니다. 그런 데이터는 아직 나오지 않았지만, 간병이 필요해진 사람과 치매 환자도 늘어났을 거라고 추측할 수 있습니다.

그렇다면 이런 사실을 통해 우리는 어떤 교훈을 얻을 수 있을까요?

이미 짐작하시겠지만, 인간에게는 다른 사람과의 관계와 운동이 정말 중요하다는 사실입니다. 이 두 가지 다 전두엽의 노화를 예방하는 데 중요한 요소입니다.

일찍 죽느냐 치매에 걸리느냐, 그것이 문제로다

앞으로의 인생에 필요한 전제를 한 가지 더 말해보겠습니다. 지금 일본은 세계 제일의 초고령 사회를 맞이하고 있습니다. 건강수명과 고령화율 모두 세계 1위. WHO와 UN의 정의에 따르면 '65세 이상 인구가 21%를 넘는 것'이 초고령 사회입니다.

얼마 전까지만 해도 꿈같은 이야기에 불과했던 '인생 100세 시대'가 현대 일본의 키워드 중 하나가 되었고, 총리 관저에는 '인생 100세 시대 구상 회의'가 설치되었으며 지자체, 보험회사, 제약회사, 건설사까지 앞다투어 '100세 시대'를 외치고 있습니다. 어쨌든 해외 연구에 따르면 '일본에서 2007년에 태어난 아이는 107세까지 살 확률이 50%나 된다.'고 하니 미래의 일본인이 살아갈 시간은 100년으로 끝나는 게 아닙니다. 2114년의 일본이 어떤 모습일지 저로서는 상상도 할 수 없지만, 어쨌든 그만큼 큰 규모로 대처하고 있다는 뜻이겠지요.

'인생 100세 시대 구상 회의'의 목표는 어떻게 해야 초고령 사회에서 사람들이 활기차게 살아갈 수 있는지, 경제 · 사회 시스템은 어떤 모습이어야 하는지, 이를 위한 대규모 디자인을 검토하는 것입니다. 여기에 기본적으로 깔려 있는 전제는 가능한 한 오래 현역으로 활동할 수 있는 사회입니다.

물론 누구나 죽을 때까지 현역으로 활동할 수 있다면 더할 나위 없이 좋겠지만, 수년 동안 고령자 전문 정신과 의사로서 일했던 제가 보기에는 탁상공론에 불과한 부분이 적지 않습니다. 확실히 지금의 60대, 70대는 30년 전의 동년배에 비하면 젊고 활기차며 체력적으로도 열 살 정도는 젊다고 생각합니다.

전쟁 후 얼마 지나지 않아 연재된 〈사자에 씨〉에 나오는 54세인 나미헤이 씨와 48세인 후네 씨의 모습을 떠올려보세요. 지금의 기준으로 보면 나이보다 훨씬 더 늙어 보입니다. 당시에는 영양 상태가 좋지 않아 남성도 키가 160cm가 채 안 되는 사람이 많았고 노화의 속도도 빨랐습니다.

아직도 옛날 이미지가 강하게 남아 있기 때문에 65세 이상은 고령자로 묶어버리기 쉽지만, 고령자라고 해서 모두 똑같이 늙는 것은 아닙니다. 영양 상태가 좋은 지금의 건강한 고령자라면 더더욱 그렇습니다. 나이에 따라, 개인에 따라 늙어가는 방식은 정말 다양하고 다채로울 수밖에 없습니다. 그런 의미에서는 꼭 100세가 아니더라도 절반 이상이 90대 중반까지 사는 사회가 눈앞으로 다가왔다고 할 수 있습니다.

하지만 뇌의 노화는 멈출 수 없습니다. 뇌의 신경세포는 원칙적으로 세포 분열을 하지 않고, 사람은 평생 같은 세포를 계속 사용하기 때문입니다.

저는 병원 근무 당시 매년 약 100번쯤 고령자 병리해부 보고회에 참석했는데, 85세 이상 중에 알츠하이머형 치매 변성이 나타나지 않은 사람은 한 명도 없었습니다. 즉, 나이를 먹으면 정도의 차이는 있지만 누구나 치매에 걸린다는 거죠. 그렇게 생각하면 100세 시대라는 것은 극단적으로 말하면 '일찍 죽느냐, 치매에 걸리느냐, 둘 중 하나인 시대.'라고 할 수 있습니다.

너무 비관적인가요?

저는 그렇게 생각하지 않습니다. 인생 100세 시대는 더 나아가 '노년 격차가 드러나는 시대.'이기 때문입니다. 치매라는 것을 어떻게 대비할 것인가, 그 준비와 마음가짐에 따라

인생을 행복하게 마무리할 수 있는 사람과 그렇지 않은 사람의 차이가 생기는 시대가 될 것입니다.

치매에 걸리면 완치는 불가능합니다. 하지만 진행을 늦추고 삶의 질을 유지하는 것은 어느 정도 가능합니다. 이를 위한 대책을 지금부터 이야기해보겠습니다.

가능한 한 오래 '현역'으로 살자

우선 가능한 한 오랫동안 '현역'으로 지낼 수 있다면 그렇게 하세요. 꼰대라고 부르든 말든 일할 수 있는 동안은 일하는 것이 좋으며, '여생'이니 '노후'니 하는 말로 자신의 삶을 규정짓지 않는 게 좋습니다(물론 그쪽을 선호한다면 그것은 그것대로 좋습니다).

어쨌든 고령자가 30% 이상인 사회입니다. 고령자 쪽이 고령자의 마음을 더 잘 알 것이고, 그런 점에서 생각하면 히트 상품이나 새로운 서비스가 탄생할 가능성도 있습니다. 미즈호 은행의 추산에 따르면, 고령자 시장의 규모는 2025년까지 100조 엔을 넘길 것으로 예상되니 어마어마한 규모입니다. 출시하는 쪽이든, 사용하는 쪽이든 활약할 수 있는 자리가 분명 있을 것입니다.

사회에 참여한다는 것은 무엇보다 전두엽을 쓰는 일입니다. 자원봉사든 지역사회 공헌이든 상관없습니다. 소속된 조직의 안팎에서 예상치 못한 사람들과 소통을 주고받고 인풋과 아웃풋을 반복할 수 있는 환경은 뇌에 매우 소중합니다.

'피할 수 없는 노화는 그대로 받아들여야 한다.'고 주장하는 분들이 굉장히 많다는 것을 알고 있습니다. 또 그와 동시에 '노화와 싸워야 한다.'고 생각하는 분들도 꽤 많다는 것도 알고 있습니다. 하지만 저는 어느 쪽에도 동의할 수 없습니다. 35년간 노인 의료에 종사해온 저는 그렇게 일률적으로 정리하기는 어렵다고 생각합니다.

예를 들어, 나이가 들면 운전면허를 반납해야 한다는 의견이 있습니다.

노인들이 큰 교통사고를 일으켰다는 뉴스가 자주 보도되고, 그럴 때마다 언론들이 앞다투어 '고령자는 면허를 반납해야 한다.'고 주장하는 것이죠. 그런데 면허를 반납했더니 멀쩡하던 사람이 갑자기 몸이 쇠약해지고 치매에 걸리는 경우도 많습니다. 저도 그런 사례를 여러 번 봤는데, 쓰쿠바대학의 연구에 따르면, 면허를 반납하면 6년 후에 간병 필요 판정을 받을 가능성이 2.2배 높아진다고 합니다.

생각해보면 당연합니다.

지방에 가면 자동차는 이동 수단으로 없어서는 안 될 존재입니다. 운전하는 것 자체가 뇌에 자극이 되는데 그것이 사라지고 외출 기회가 그만큼 줄어들면 운동량도 줄어듭니다. 동네 마트에 간다고 상상해보세요. 쇼핑을 하려면 주차장에서 내려 걸어야 하고, 가게를 둘러보는 것은 뇌에 자극을 줍니다. 그런데 면허를 반납하면 노인에게서 그런 기회를 빼앗는 것입니다. 면허를 반납한 노인들이 전기 자전거를 이용하는 경우가 많아졌는데, 그만큼 자전거 사고가 늘어났다고 합니다.

고령자의 운전으로 교통사고 비율이 높아진 거라고 생각하기 쉽지만, 경찰청의 '2021년 교통사고 발생 현황'에 따르면, 실제로는 16~24세의 젊은 층의 사고율이 압도적으로 높다고 합니다. 다만 사망 사고의 비율이 75세 이상이 되면 16~24세보다 높아지지만, 그래도 사망 사고를 일으킬 확률 자체는 1만 분의 1 이하로 낮습니다. 게다가 젊은 층은 타인을 포함한 사고가 많은 반면, 고령자 사망 사고의 경우는 40%가 혼자 사망합니다. 다른 사람을 치는 사고는 20%에 불과합니다. 이런 수치를 보더라도 저는 고령자 스스로가 불안하지만 않다면 자동차를 운전하는 것이 오히려 장점이 더 크다고 생각합니다.

간혹 노인들의 엑셀과 브레이크 오작동 사고를 인지 기능의 문제라고 지적할 때가 있습니다. 하지만 노인 의학의 입장에서 보면 엑셀과 브레이크를 구분하지 못할 정도로 치매가 심하다면 애초에 운전을 할 수 없다고 보는 게 맞습니다. 사고를 낸 노인들의 대부분은 오히려 혈당이 너무 떨어지거나 저혈압으로 의식이 혼미해져 있었을 가능성이 높습니다. 이케부쿠로 난폭운전 사고(2009년 도쿄 이케부쿠로에서 87세 남성 운전자가 과속 운전으로 모녀를 치어 숨지게 한 사고)의 가해자도 사고를 일으키기 2년 전에 면허를 갱신했을 때는 인지 기능 검사를 통과했습니다. 평소 폭주하지 않던 사람이 폭주를 하거나 신호 위반을 한 경우 또한 그 당시 의식이 혼미했을 가능성이 높습니다. 그렇다면 나이 탓으로 돌리기보다는 복용 중인 약을 살펴보는 것이 더 합리적입니다.

어찌 됐든 운전 하나만이라도 자신이 현역이라고 생각한

다면 해도 된다고 생각합니다. '나는 이미 치매일지도 모른다.'고 겁먹는 것은 자유지만, 치매라고 해도 경증부터 중증까지 다양하며, 일상생활에 문제가 없는 수준이라면 운전도 가능하다고 저는 생각합니다. 다만, 치매 진단을 받은 후 운전을 하다가 사망 사고 등을 내면 집행유예 없이 징역 1년 2개월의 실형이 선고되고, 민사에서는 본인과 가족을 상대로 약 3억 6000만 엔의 손해배상 청구 소송이 제기된 사례가 있습니다. 법과 법원이 치매가 경미한 상태에서는 일반 노인과 운전 능력이 크게 다르지 않다는 상식을 인정하지 못하는 한, 과신은 금물입니다.

하고 싶은 일이 있어야 뇌가 움직인다

이제 회사 일이나 조직 생활은 지긋지긋하다, 하고 싶은 일을 하며 살고 싶다는 사람도 있을 것입니다. 이 또한 전두엽을 활성화하기 좋은 기회입니다.

앞서 말했듯이 자신과 반대되는 의견이 담긴 잡지나 책을 읽는 것도 좋지만, 다시 한 번 자신이 좋아하는 일, 잘하는 일에 도전해보는 것이 뇌에도 좋습니다.

전두엽이 활발하게 움직이는 것은 설레고 두근거릴 때입니다. 책이든, 영화든, 그림이든, 악기든 무엇이든 상관없습니다. 자신의 인생을 되돌아보고 무엇을 좋아했는지, 무엇을 잘했는지 다시 한 번 생각해보세요. 반드시 무언가 있을 것입니다. 물론 처음 해보는 것도 뇌가 좋아하는 일입니다.

여기서 중요한 것은 나만 즐기고 끝내지 말아야 한다는 점입니다. 인풋을 하면 반드시 아웃풋을 해야 합니다. 책을 읽었다면 서평을 써보는 것도 좋습니다. 그것을 SNS에 올리면 다른 사람의 호응을 얻을 수 있을지도 모릅니다. 피아노를 연습했다면 발표할 수 있는 기회를 가져보세요. 채소 재배에 푹 빠졌다면 누군가에게 나눠주세요.

이때 중요한 것은 상대방이 '재미있다', '대단하다', '맛있다'고 생각할 수 있는지의 여부입니다. 자기만족은 도파민을 분비시키기 때문에 중요하지만, 어떻게 하면 상대방도 그렇게 생각할까를 고민하면서 좋아하는 일에 몰두하다 보면 자연스레 아웃풋 훈련이 됩니다.

사람의 나쁜 버릇 중 하나로 '감점법' 발상이 있습니다. 특히 지금의 70대, 80대는 '어쨌든 완벽해야 한다', '단점은 없애야 한다.'고 생각하는 경향이 있습니다. 그런 교육을 받아왔기 때문이기도 하고, 현역 시절에도 실수가 없는 것이 평가의 최소 기준이었기 때문이겠죠.

하지만 현대에는 약간 흠이 있더라도 '재미가 있느냐 없느냐.'가 관건입니다. 문장이든 그림이든 악기 연주든 '완벽'을 목표로 한다면 그것은 정말 아마추어입니다. 굳이 노인이 되어서도 그런 것을 목표로 하는 것은 갑자기 '배틀 로얄' 무인도에서 친구들끼리 서로를 죽이는 서바이벌 게임을 벌이는 내용의 영화-옮긴이의 세계에 뛰어드는 것이나 마찬가지입니다. 그러려면 그에 상응하는 각오와 노력이 필요합니다. 지금 세상에서 진짜 프로는 약간의 단점이 있더라도 사람을 끌어당기는 '재미'가 있으면 됩니다.

조직을 떠나 모처럼 자유로워졌으니 완벽함에서 벗어나 재미를 추구해도 되지 않을까요?

개그맨 같은 것을 목표로 하라는 이야기가 아닙니다. 물론 개그를 하면서 남을 웃기는 일도 좋겠지만, 제가 말하고 싶은 것은 다른 사람의 지적 호기심을 자극하거나 관심을 모을 수 있는 일을 해보라는 말입니다.

예를 들어 금속을 취급하는 회사에 다녔던 사람이 있다고 가정해봅시다. 그 사람은 분명 금속에 대해 잘 알고 있을 테니, 그것을 재료로 삼아 재미있는 글을 올릴 수 있습니다. '러시아와 사이가 나빠지면 어떤 물질을 구하기 어려워져 곤란합니다.'라는 글을 올린다면 궁금해하는 사람이 분명 있을 것입니다. 만약 반응이 없다면 이유에 대해 생각해보고 다른 방법을 시도해보세요. 스킬을 연마하는 것도 하나의 실험, 즉 전두엽이 좋아할 만한 일입니다.

어떤 일에 정통하거나 특이한 경험을 가진 '특화형' 사람에게는 강점이 있습니다. 자신에게도 그런 강점이 없는지 탐색하면서 아웃풋의 방법을 고민해보세요.

동양인 중에는 자신의 장점과 단점을 써보라고 하면 단점만 쓰는 사람이 많습니다. 사실 서양인도 그런 경향이 있는데 동양인은 더 심한 편입니다. 단점을 찾아내고 부족함을 채워야 한다는 생각으로 살아서인지 모르겠지만, 이번 기회에 꼭 다른 사람이 흥미를 가질 만한 장점을 찾아보세요. 의외로 단점이 장점으로 바뀔 수도 있습니다.

가령 회사에서 눈치가 없다는 말을 듣는다면, 한편으로는 남들과는 다른 생각을 할 수 있다는 뜻이기도 합니다. 지금까지 단점이라고 생각했던 것도 다시 한 번 바라보면 다른 면이 보일 수도 있습니다.

이렇게 자기 분석을 거듭하는 것 역시 전두엽을 훌륭하게 사용하는 것입니다. 이런 식으로 하고 싶은 것, 아웃풋하고 싶은 것을 찾으면 됩니다. 굳이 나이를 먹어서까지 지루하거나 귀찮은 일을 할 필요는 없습니다. 그 대신 자신의 속마음에 솔직해집시다. 하고 싶은 일이 있어야 뇌가 움직이고 행동으로 옮길 수 있기 때문입니다.

굳이 모르는 사람을 향해 아웃풋을 할 것이 아니라 아내(남편)에게, 친구에게, 친척에게, 자녀에게, 손주에게 해보는 것도 좋습니다. 어떻게 하면 상대방이 관심을 가져줄까를 염두에 두고 자신이 하고 싶은 일, 잘하는 일에 몰두해보세요. 도예 실력을 갈고닦아 손주에게 머그잔을 선물하는 것도 좋고, 나이 드신 이모를 위해 뜨개질로 무릎 담요를 만드는 것도 좋습니다. 요컨대 머리를 써서 인풋하고 상대방이 관심을 가질 수 있도록 아웃풋을 하라는 말입니다. 저도 최대한 재미있는 이야기를 하려고 매일매일 정보 수집을 하고, 말하는 방법도 연구합니다. 제 이야기를 듣는 사람이 조금이라도 얻는 것이 있길 바라기 때문입니다. 이렇게 다른 사람과 연결되면 뇌는 더욱 활성화됩니다.

좋아하는 일, 잘하는 일은 즐겁게 할 수 있기 때문에 능력도 더욱 잘 발휘됩니다. 즐겁게 인풋을 하고 즐겁게 아웃풋을 할 수 있다면 더 이상 바랄 게 없습니다.

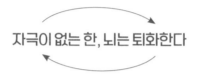

자극이 없는 한, 뇌는 퇴화한다

다시 한 번 강조하지만, 나이가 들었다고 해서 지금 할 수 있는 것을 포기하면 안 됩니다. 이것이 정말 중요합니다.

평소에 자동차 운전을 하던 사람은 면허증을 반납할 필요가 없습니다. 반납을 하면 앞서 언급했듯이 오히려 6년 후 간병이 필요해질 확률이 두 배 이상 높아집니다. 평소에 요리를 자주 하는 사람은 계속 하세요. 불을 끄는 것을 잊을까 봐 두렵다면 가스레인지를 인덕션으로 바꾸면 됩니다.

돈도 씁시다. 코로나로 3년 동안 조용히 지냈으니 금전적 여유도 생겼을 것입니다. 게다가 지금의 70대, 80대는 종신고용, 연공서열제의 혜택을 누린 세대입니다. 정년퇴직 당시 연봉이 1억 원에 가까웠던 사람의 경우에는 3억 원이 넘는 퇴직금을 받은 사람도 많습니다. 그 돈으로 자신에게 자극이 될 만한 일을 찾으면 노후를 건강하게 보낼 수 있는 자양분이 됩니다.

현실적으로 저축이 2억 원 있다고 가정했을 때, 노는 데에만 매달 500만 원씩 쓰는 사람은 거의 없습니다. 오래 살면 살수록 돈을 쓰지 않게 됩니다. 간병 자금도 요양원에 들어가면 식비 포함 월 150만~200만 원이면 충분하고, 연금으로 충당할 수 있습니다.

그러니 70대, 80대가 되어 저축이 줄어들지 않는다는 생각이 들면, 전두엽을 사용하기 위해서라도, 자신의 즐거움을 위해서라도 주저하지 말고 돈을 쓰며 움직였으면 좋겠습니다.

취미인 골프를 매주 즐긴다. 음악을 좋아한다면 일주일에 한 번은 콘서트를 간다. 맛집에 가본다. 그동안 사치라는 생각에 포기했던 것에 과감하게 돈을 써보세요. 자동차를 좋아한다면 포르쉐를 사보는 것도 좋습니다. 늘 꿈꿔왔던 캠핑카를 사서 여행을 떠나는 것도 좋습니다. 분명 신나고 활기찬 자신을 느낄 수 있을 것입니다. 그것이 바로 전두엽이 활동한다는 증거입니다. 무엇보다 당신이 지금까지 열심히 일해서 모은 돈이니까요. 그 돈을 즐거운 일에 쓰는 것이 건강하게 오래 살 수 있는 길입니다.

소소한 예이지만, 외식업계의 다양한 점심 메뉴를 보고 있으면 이 시대에 태어나서 다행이라는 생각이 절로 듭니다. 도시에 산다면 거리를 산책하면서 마치 해외여행을 온 것처럼 여러 나라의 요리를 먹어보는 것도 좋습니다. 제가 먹보라서 그런 것일 수도 있지만, 지방 도시에서 차를 타고 돌아다니면 다양한 맛을 만날 수 있습니다.

그런 의미에서 한 번도 가보지 않은 곳으로 여행을 떠나는 것은 좋은 시도입니다. 지난 3년간 코로나 사태로 우리의 생활은 많이 바뀌었습니다. 시키는 대로 집에서 조용히 지낸 사람과 압력에 굴하지 않고 계속 움직인 사람 사이에는 전두엽에 큰 차이가 생겼을 거라고 저는 생각합니다.

특히 "집에 있어라!", "밖에 나가지 마라!"라는 압력을 진지하게 받아들일 수밖에 없었던 70대, 80대가 가장 큰 피해자라고 할 수 있습니다. 집에 틀어박혀 있는 동안 다리와 허리가 약해지고 전두엽도 자극을 받지 못해 심신이 쇠약해진 사람이 많습니다. 그런 반면에 사람이 없어서 좋고 저렴하게 여행을 즐길 수 있게 되었다며 여기저기를 돌아다닌 사람들은 의외로 지금도 행복해 보이니 아이러니가 아닐 수 없습니다.

외출을 하면 기분이 좋아집니다. 햇볕을 쬐거나 행복감을 느끼면 세로토닌이 분비되어 의욕과 행복감이 더욱 높아집니다.

이때 전두엽을 자극할 수 있도록 가급적 가보지 않은 곳에 가보세요. 일상과 다름없는 루틴은 전두엽에 자극이 되지 않습니다. 평소처럼 편한 상태에서는 뇌가 전두엽이 아닌 다른 부분에서 정보를 처리하려고 합니다. 전두엽은 지금까지 경험해보지 못한 것, 예측할 수 없는 것을 다룰 때 작동하니, 여행이 딱 좋습니다. 기분이 들뜨는 것도 뇌가 작동하고 있다는 증거이고, 즐거움을 느끼면서 처음 가본 곳에서 새로운 자극을 받으면 전두엽에는 더할 나위 없이 좋은 일입니다.

저는 최근에 오키나와의 미야코 섬에 처음 갔는데 바다와 하늘의 아름다움에 감동하여 마치 동남아시아의 휴양지에 온 것 같은 기분이 들었습니다. 오랜만에 효고 현의 기노사키도 방문했는데 걷기에 매우 좋은 마을이라는 것을 알게 되었습니다. 그런 비일상적인 체험이 전두엽에 자극이 되고, 감동과 즐거움은 뇌에 매우 중요합니다. 그러니 코로나 때문에 한동안 여행을 가지 못한 사람은 가급적 가보지 않은 곳으로 여행을 떠나기 바랍니다. 다시 한 번 강조하지만, 우리의 뇌는 새로운 자극이 없는 한 계속 퇴화할 수밖에 없도록 설계되어 있습니다.

즐기는 사람이 이긴다

나이를 먹어도 전두엽은 쓰면 쓸수록 활성화됩니다. 그리고 전두엽에 가장 좋은 자극은 즐거운 일을 하는 것입니다.

　다만 전두엽은 나이가 들수록 약한 자극에는 반응하지 않습니다. 젊었을 때는 저렴한 스테이크를 먹으며 별로 웃기지 않은 개그맨의 입담에도 웃음을 터뜨릴 수 있습니다. 하지만 경험이 풍부한 고령자는 음식이든, 개그든, 콘서트든, 어느 정도 수준이 높지 않으면 만족을 느끼지 못합니다. 그렇기 때문에 더욱 돈을 써서 '즐겁다'고 느낄 수 있는 자극을

Q. 몸이 약해졌다는 위험 신호는?

→ 6개월 안에 2kg 이상이 빠졌다.

→ 일주일에 운동을 단 한 번도 하지 않고 외출도 하지 않았다.

→ 한 일도 별로 없는데 쉽게 피곤해진다.

→ 녹색 신호등이 켜져 있는 동안 횡단보도를 다 건너지 못할 만큼 걷는 속도가 느려졌다.

→ 악력이 약해졌다.

찾았으면 합니다.

코로나 이후의 사회에서는 즐거움을 빼앗는 일만 추진되었습니다. 그 피해를 가장 많이 받고 있는 것은 고령자입니다. 즐기지 않으면 면역기능이 떨어지고, 젊은이보다 더 빨리 전두엽 기능도 저하됩니다.

초고령 사회에서 나이 먹는 것을 즐기지 못하면 버틸 수 없습니다. 후손들을 위해서라도 꼭 "저분 참 괜찮다", "저분은 진정으로 인생을 즐기는 사람이다."라는 말을 듣게 되면 좋겠습니다.

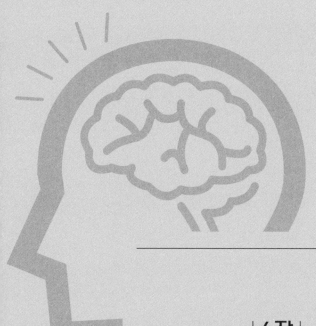

| 6장 |

나이대별
전두엽 단련법

Secrets of the
ageless brain

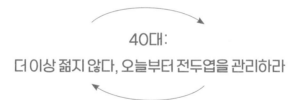

40대:
더 이상 젊지 않다, 오늘부터 전두엽을 관리하라

서두에서 말했듯이 전두엽의 노화는 40대부터 시작됩니다. 빠른 경우에는 위축되는 현상을 영상으로 확인할 수 있을 정도입니다.

본인이 당사자라면 너무 충격적일 수도 있지만 하루빨리 현실을 직시하고 대책을 세우면 노화는 막을 수 있습니다.

이 책에서도 여러 번 언급했듯이 ①'이분법적 사고'를 버리고, ②실험하고, ③운동하고, ④다른 사람과 소통하고, ⑤ 아웃풋에 신경을 써야 합니다.

40대 후반은 행복지수가 가장 낮아진다는 연구 결과가 있습니다. 2020년에 미국경제연구소(NBER)가 발표한 보고서에 따르면, 선진국에서는 47.2세에 가장 행복감이 떨어진다고 합니다. 50세 전후나 40대라는 조사 결과도 있고, 어느 정도 편차는 있지만 그 이후 나이가 들수록 행복지수가 높아진다는 것은 어느 연구 보고서에서나 일치합니다.

그러니 40대라면 이 시기만 잘 넘기면 된다고 생각하세요. 50대가 된 이후 '피곤하다', '의욕이 없다'는 말이 나오지 않도록 지금 전두엽을 잘 단련해놓으면 됩니다.

왜 40대 후반에 행복감이 가장 낮아지는지에 대해서는 여러 가지 설이 있지만 이때가 '중년의 위기' 중 가장 마지막 고비인 탓이 큽니다. 전두엽의 노화 때문도 있지만 이 시기에 '나는 안 된다.'는 비관적인 생각이나 우울증에 빠지지 않도록 미리 조심할 필요가 있습니다.

또 남성의 경우에는 남성호르몬의 일종인 테스토스테론의 감소에 주의해야 합니다. 테스토스테론은 의욕과 집중력, 판단력, 호기심 등 고차원적인 기능과도 밀접한 관련이 있습니다.

테스토스테론은 성적 자극을 받으면 증가하기 때문에 그런 영상을 보거나 여성과 데이트를 하는 것도 좋지만, 40대, 50대가 되면 10~20%의 사람들은 '그런 것에는 관심이 없다.'고 할 정도로 테스토스테론 수치가 낮아집니다. 그렇게 되면 남성갱년기 증상으로 기억력 장애가 나타날 수 있습니다.

뇌에는 '해마'라는 기억 여부를 결정하는 중요한 부위가 있는데, 해마에는 아세틸콜린이라는 신경전달물질이 필요합니다. 이 아세틸콜린을 작용시키는 것이 바로 테스토스테론입니다. 따라서 기억력 장애와 의욕 저하가 발생하면 전두엽 기능과 테스토스테론 분비 저하를 의심해볼 수 있습니다.

우울증과 남성갱년기는 모두 치료가 가능합니다. 치매의 경우는 어렵지만, 우울증이든 테스토스테론 저하든 약물이나 주사를 통해 치료할 수 있습니다. 보험 적용을 받으면 2주일에 한 번에서 한 달에 한 번씩, 일정 기간 치료를 받게 됩니다.

이 치료를 받으면 의욕이 생기고, 나이가 많은 사람 중에도 '머리가 맑아졌다.'는 사람이 있습니다. 적어도 검사는 보험이 적용되기 때문에 의욕이 떨어진다 싶을 때는 일단 검사를 받아보는 게 좋습니다. 검사 결과 테스토스테론 수치가 낮으면 치료도 보험 적용이 됩니다.

이야기가 조금 벗어나긴 하지만, 테스토스테론 주사를 맞으면 탈모가 될까 봐 걱정하는 사람도 있을 겁니다. 사실 남성 탈모의 원인으로 지목되는 것은 디히드로테스토스테론(DHT)이라는 남성호르몬인데, 이는 테스토스테론과 5알파 리덕타아제라는 효소가 결합하여 발생합니다. 나이가 들면 이 5알파 리덕타아제가 증가하기 때문에 DHT가 증가하여 탈모가 증가한다는 것입니다. 주범은 테스토스테론이라기보다는 DHT인 셈입니다.

하지만 의욕 감소 치료를 위해 테스토스테론을 추가하면 DHT도 늘어나는 경우가 많기 때문에 탈모를 걱정하게 됩니다. 그런데 이 5알파 리덕타아제의 활성을 억제하는 약이 발명되었습니다. 바로 프로페시아입니다. 탈모 치료제로 알려져 있는데 들어본 적이 있나요?

이 프로페시아를 함께 복용하면 DHT가 늘어나지 않고도 테스토스테론을 늘릴 수 있습니다. 즉, 탈모 증상이 나타나지 않는다는 뜻입니다.

다만 한 가지 덧붙이자면, 프로페시아는 탈모 방지에는 매우 우수한 약이지만, 의외의 부작용으로 발기부전을 유발하는 경우가 있습니다. 이는 DHT가 테스토스테론보다 강력해서 DHT를 차단하면 남성호르몬이 부족해지기 때문입니다. 이 경우 테스토스테론을 병용하게 되는데, 이러한 치료를 '남성호르몬 보충요법'이라 하며 비뇨기과나 남성클리닉에서 시행하고 있습니다.

50대:
지금 당장 운동을 생활화하라

50대는 치매 발생률이 만 명당 8명, 간병 비율은 1% 미만입니다. 암 사망률 또한 10만 명당 146명으로 아직 건강합니다. 일과 여가 생활에 매진하며 전두엽을 마음껏 사용하길 바라지만, 한편으로는 몇 가지 문제가 복합적으로 발생하는 연령대이기도 하므로 주의가 필요합니다.

먼저 전두엽의 위축이 진행됩니다. 뇌의 표면적은 대략 신문지 한 면 분량에 해당하며, 그중 약 40% 이상을 전두엽이 차지합니다.

이미 여러 번 설명했듯이 전두엽이 위축된다고 해서 지능이 떨어지지는 않지만, 의욕과 창의력이 떨어지거나 감정 조절이 잘 안 될 수 있습니다. 다만 조기에 생활 습관을 개선하고 사고 훈련을 하면 전두엽 기능 저하도 늦출 수 있습니다.

개인차가 있긴 하지만 수면장애, 음주, 흡연, 고혈압, 당뇨병은 뇌 위축과 치매에 영향을 미칩니다. 일상생활에서 조심해야 할 사항이지만, 50대라면 아직 일하는 사람이 많을 것입니다. 시간이 없다는 이유로 생각과 행동이 루틴에 빠지기 쉽습니다. 역까지 걸어가는 길을 바꾸거나, 자주 가지 않던 가게에 가보는 등 의식적으로 자신의 뇌에 자극을 주도록 노력해보세요. 자신의 생각과 맞지 않는 사람의 책을 읽는 것도 좋습니다. 화가 날 수도 있지만, 그것 또한 뇌가 움직이고 있다는 증거이고, 반론을 생각하는 것만으로도 새로운 발견의 계기가 될 수 있습니다.

50대에 신경 써야 하는 것은 운동입니다. 근육이라는 것은 20대를 정점으로 계속 감소하여, 50대에는 20대에 비해 약 10% 정도가 감소한다고 합니다. 근육이 줄어들면 기초대사량도 줄어 같은 칼로리를 섭취해도 살이 찌기 쉽고, 신체 각 부위로 뻗어나가는 혈류가 나빠져 몸이 차갑게 느껴집니다. 피로가 잘 풀리지 않거나 만성 부종, 요통, 어깨결림 등이 생기는 것도 근육량 감소 때문일 수 있습니다.

뇌에도 운동은 반드시 필요하므로 꼭 습관으로 만드세요.

참고로 남성호르몬이 줄어들면 똑같이 운동을 해도 근육이 잘 생기지 않습니다. 이때도 남성호르몬을 보충해줘야 합니다.

건강 검진에서 이상 수치가 발견되는 것도 50대부터가 많습니다. 동맥경화나 심근경색은 아직 적은 나이지만, 혈압이나 콜레스테롤 수치에 깜짝 놀랄 수 있습니다.

하지만 실제로 질환이 있다면 몰라도, 검사 수치에만 너무 신경을 쓰는 것은 좋지 않습니다. 앞에서도 언급했지만 콜레스테롤 수치가 낮아지면 오히려 면역기능이 저하되어 암이나 감염증에 걸리기 쉽다는 연구 결과도 있습니다. 콜레스테롤 수치가 높을수록 더 오래 산다는 조사 결과도 많습니다.

더 조심해야 할 것은 '의욕이 없다', '컨디션이 계속 좋지 않다.'와 같은 증상입니다. 전두엽 노화가 원인일 수도 있고, 노년기 우울증이나 운동 부족, 남성의 경우 호르몬 불균형 때문에 생기는 갱년기 증상일 가능성도 있습니다.

50대에 치매에 걸릴 확률은 상당히 낮지만, 행복 호르몬이라고도 불리는 세로토닌의 분비량이 줄어들기 때문에 인구의 3%가 앓고 있다고 알려진 우울증이 증가합니다. 50~60대 우울증의 증상은 심한 건망증입니다. 남성이라면 약 5~10%가 남성호르몬 감소로 기억력이 떨어지기 때문에 최근 들어 기억력이 많이 나빠졌다고 생각되면 의심해볼 만합니다.

우울증 체크리스트를 확인해보는 것도 좋고, 남성호르몬 수치는 혈액검사를 통해 쉽게 확인할 수 있습니다. 남성호르몬을 주사로 보충하면 증상은 극적으로 개선됩니다.

세로토닌과 남성호르몬을 늘리려면 육류, 콜레스테롤 섭취와 함께 운동을 하고 햇볕을 쬐는 것이 좋습니다. 특히 세로토닌 분비를 촉진하기 위해서는 햇볕을 쬐고, 실내 조명도 최대한 밝게 하는 것이 효과적입니다. 여성에게 많이 발생하는 골다공증은 햇볕을 쬐면 예방에 큰 도움이 됩니다.

60대:
무조건 일을 해라

60대는 전두엽 기능이 더욱 저하되고 의욕이 사라지는 시기입니다. 하지만 치매 발병률은 아직 1% 미만이며, 간병 필요비율도 2% 미만입니다. 암 사망률은 10만 명당 393명에 불과합니다.

지금 각 기업 등에서는 65세까지 고용보장이 의무화되어있습니다. 일을 하면 억지로라도 머리를 쓰게 되므로 뇌의기능이 유지되지만, 정년퇴직을 하게 되면 갑자기 머리와몸을 쓰지 못하게 되어 늙어버리기 쉽습니다. 이왕이면 일을 계속하는 것이 좋습니다.

물론 이전과 같은 일을 할 필요는 없습니다. 연금도 나오기 시작하니 한 달에 200만~300만 원 정도를 벌면 충분합니다. 하고 싶은 일을 하세요. 영화를 좋아한다면 촬영 현장의 스태프로 일해보는 것도 좋습니다. 영화계는 일손이 부족하기 때문에 월수입 200만~300만 원에 만족한다면 고용될 가능성이 있습니다. 수입은 적더라도 즐겁고 보람 있는 일을 선택할 수 있는 것이 이 연령대의 특권입니다.

60대는 부모가 아직 80대, 90대여서 간병에 쫓기는 나이이기도 합니다. 하지만 간병에 너무 몰두하는 것은 위험합니다. 직장을 그만두고 간병에 전념하는 사람도 있는데, 그렇게 되면 사회적 관계가 단절되어 직장 동료는 물론 친구들을 만날 기회도 줄어들어 전두엽이 더 노화될 수 있습니다. 간병에 많은 시간을 할애한 사람일수록 부모님이 돌아가시면 깊은 상실감에 휩싸여 우울증에 걸릴 위험도 높아집니다.

따라서 간병이 필요한 부모님은 가급적 시설에 입소시키는 것을 권합니다. 간혹 요양 시설에서 학대가 이루어졌다는 뉴스가 보도되기도 하지만, 애초에 드문 일이기 때문에 뉴스가 되는 것이지 자주 발생하는 일은 아닙니다. 물론 그런 일을 미연에 방지하기 위해서라도, 또 무슨 일이 생겼을 때 바로 알아차릴 수 있도록 면회는 자주 가는 것이 좋습니다. 게다가 재택 간병이라고 해서 그런 일이 일어나지 않는 것도 아닙니다. 실제로 재택 간병 경험자 중 약 40%가 학대를 한 적이 있다고 응답한 조사 결과도 있습니다. 부모 입장에서는 재택 간병이 오히려 더 불행할 수도 있다는 말입니다.

예전에는 치매를 '유아로 퇴행하는 병'으로 오해하여 시설에서 노인을 아이 다루듯이 하는 경우가 있었지만, 지금은 그렇지 않습니다. 노인에 대해 잘 아는 사람이 돌봐야 돌봄을 받는 사람도 행복합니다. 불안하다면 직접 시설을 방문해볼 것을 권합니다.

여성은 60대에 행복지수가 가장 높습니다. 저는 『60세부터는 하고 싶은 대로 해라(60歳からはやりたい放題)』라는 책을 썼을 정도로 60대에는 그저 인생을 실컷 즐기라고 이야기해왔습니다. 그러기 위해서는 40대, 50대부터 지속적으로 뇌의 노화를 늦추고 우울증에 걸리지 않도록 주의를 기울여야 합니다.

70대:
머리를 쓰고, 고기를 먹어라

70대의 치매 발병률은 초반에는 약 4% 정도, 후반에는 13%가 넘습니다. 우울증과 치매 발병률이 역전되는 것도 이 시기입니다. 간병이 필요한 경우는 70대 전반에는 남녀 모두 60%대 초반, 70대 후반에는 남성이 11.6%, 여성이 15.2%, 암 사망률은 10만 명당 807명입니다. 일을 하는 것이 힘들어지기 때문에 전두엽의 노화가 급격히 가속화되는 연령대입니다.

치매는 서서히 진행되는 병입니다. 미국의 레이건 전 대통령은 퇴임한 지 5년째 되는 해에 치매임을 발표했는데, 역으로 계산해보면 재임 중에 발병했다는 것을 알 수 있습니다. 분명 건망증 정도는 있었을 텐데도 불구하고 대통령직을 수행한 것입니다. 그러니 자신이 치매라는 진단을 받으면 충격이 크겠지만, 아직 여러 가지 일을 할 수 있는 시간적 여유가 있다고 생각하세요.

간병보험이 시작되기 전의 이야기입니다만, 저는 도쿄도

스기나미구와 이바라키현 가시마시에서 치매 환자를 진료한 경험이 있습니다. 그런데 두 지역의 분위기는 사뭇 달랐습니다. 스기나미구에서는 가족들이 치매를 부끄러워해 노인을 집 안에 가둬둔 반면, 가시마시에서는 산책을 하게 해주고 본래 하던 일인 농업이나 어업에 관련된 일도 계속 하게 해주었습니다. 확실히 후자의 경우가 병의 진행 속도가 훨씬 더 느리다는 것을 알게 되었습니다.

그러니 만약 치매에 걸렸다고 해도 방 안에만 갇혀 있지 말고 할 수 있는 일을 하려는 의지가 매우 중요합니다.

치매 환자가 주변을 배회하는 게 문제라고 생각할 수도 있겠지만, 전국적으로 치매 환자는 이미 600만 명 정도나 됩니다. 스무 명 중 한 명인 셈입니다. 이 스무 명 중 한 명이 실제로 배회하고 있다면 시부야의 교차로 등은 이미 매일 난동으로 떠들썩할 겁니다. 물론 실상은 그렇지 않죠.

치매라는 것은 뇌의 노화 현상을 동반하는 병이기 때문에, 얌전한 사람이 압도적으로 많고, 집에 갇혀 있는 치매 환자가 배회하는 치매 환자보다 훨씬 많을 수밖에 없습니다. 배회할 의욕도 없는 사람이 압도적으로 많기 때문에 오히려 의욕이라는 것이 얼마나 중요한지 다시 한 번 깨닫게 됩니다.

치매를 예방하고 진행을 늦추기 위해서는 의식적으로 운동하고 머리를 써야 합니다.

70대가 되면 전두엽뿐만 아니라 뇌의 다른 부위도 위축되기 시작합니다. 현직 사장이든, 무직자든 CT 사진을 찍어보면 위축 정도가 비슷할 때도 있습니다. 차이가 나는 것은 뇌를 사용하고 있는가 아닌가입니다. 뇌가 위축되어도 치매에 걸려도 뇌는 기능하기 때문입니다.

70대에는 뇌를 위해서라도 충분한 영양을 챙겨야 합니다. 특히 육류 섭취를 권장합니다. 남성호르몬이 분비되어 활동적으로 변하기 때문입니다. 한편 동맥경화도 진행되기 때문에 수분을 자주 보충하는 것도 필요합니다. 동맥경화 예방에는 혈압과 혈당, 콜레스테롤 수치를 낮추는 것이 좋다고 알려져 있지만, 일단 동맥경화가 시작되면 오히려 수치를 높게 조절하는 것이 좋다고 저는 생각합니다. 혈압이 낮으면 뇌에 산소가 공급되지 않고, 혈당이 낮으면 뇌에 포도당이 공급되지 않습니다. 혈압과 혈당 수치가 높을수록 뇌의 상태는 좋아집니다.

미국은 이 수치가 높아지는 것을 경계하는데, 일본도 점점 따라가는 추세입니다. 하지만 미국에서는 심장병으로 죽는 사람이 암으로 죽는 사람보다 많고, 일본에서는 암으로 죽는 사람이 심근경색으로 죽는 사람보다 12배나 많습니다. 식습관과 질병 구조가 전혀 다른 미국을 따라갈 필요는 없습니다.

일본에서는 오랫동안 뇌졸중이 사망 원인 1위였습니다. 그것이 줄어든 것은 저염 운동의 성과라고들 하는데, 저는 동의하지 않습니다. 과거 뇌졸중의 큰 원인이었던 뇌출혈이 줄어든 것은 예전과 달리 단백질을 충분히 섭취할 수 있기 때문입니다. 옛날을 기억하는 사람일수록 뇌졸중을 지나치게 두려워해 혈압을 걱정하는데, 영양 상태가 좋으면 뇌출혈은 잘 일어나지 않으니 안심해도 됩니다.

따라서 70대에는 적극적으로 영양을 보충하여 면역력을 높여주세요. 콜레스테롤 수치도 걱정할 필요가 없습니다. 누워서만 지내는 신세가 되거나, 많이 먹으면 소화가 되지 않아 괴로울 때까지는 계속 잘 먹어야 합니다.

신종 코로나도 면역력이 좋았다면 아무리 고령이라도 그렇게 위험하지 않았을 것입니다. 하지만 자가 격리로 심신이 약해지고 면역력이 떨어지면 중증으로 발전하게 됩니다. 그저 시키는 대로 자가 격리를 해온 사람일수록 걷지 못하는 경우가 많다고 합니다. 70대는 보통 걷는 것만으로도 운동이 되니, 외출을 하고 걷는 것이 좋습니다.

또 한 가지. 나이가 들수록 몸과 마음의 상태가 연결되기 쉽기 때문에 외모도 젊음을 유지할 수 있다면 유지하는 것이 좋습니다. 가발이나 보톡스 주사 등으로 젊어지는 것은 나쁜 게 아닙니다. 이런 것들도 전두엽을 젊게 유지하는 데 도움이 됩니다.

80대:
노화를 받아들이면서 최대한 즐겨라

80대가 되면 대부분의 사람에게 알츠하이머형 변성이 나타나고 치매 발병률은 30% 이상이 됩니다.

간병 비율도 80대 초반에는 남성이 23.0%, 여성이 33.9%, 80대 후반에는 남성이 40.8%, 여성이 57.3%로 암 사망률은 10만 명당 1518명입니다.

아무리 노력해도 유지되지 않는 것이 눈에 띕니다. 열심

Q. 40대부터 80대까지 나이대별 전두엽 관리법은?

→ 40대: 더 이상 젊지 않다, 오늘부터 전두엽을 관리하라.

→ 50대: 지금 당장 운동을 생활화하라.

→ 60대: 무조건 일을 해라.

→ 70대: 머리를 쓰고, 고기를 먹어라.

→ 80대: 노화를 받아들이면서 최대한 즐겨라.

히 걸어도 걸을 수 없는 날이 오고, 머리를 써도 멍해지는 날이 옵니다. 당연히 전두엽도 50대, 60대에 비해 위축됩니다. 중요한 것은 그럴 때 힘들어하기보다 할 수 없는 것은 포기하고, 할 수 있는 것을 어떻게 유지할 것인가를 고민하는 것입니다.

식사가 힘들어지면 억지로 먹지 않는 것이 좋습니다. 소금을 피하기 위해 맛없는 음식을 참을 필요도 없습니다. 참는 것은 우울증과 면역력 저하로 이어집니다. 할 수 있는 것을 즐겨야 합니다.

85세의 약 40%, 90세의 60% 정도가 치매에 걸립니다. 건망증이 심하고 할 수 있는 일이 줄어듭니다. 하지만 낙담할 필요 없이 그냥 받아들이면서 살아야 합니다. 경증 치매라면 할 수 있는 일이 많으니 현상 유지에 힘씁시다.

80대에 동맥경화가 없는 사람은 없습니다. '위드 동맥경화'라는 생각으로 대하면 됩니다.

암도 마찬가지입니다. 80대는 매년 100명에 1.5명은 암으로 사망하는 연령대로, 나이가 들수록 '위드 암'이라고 생각하는 자세가 중요합니다. 위암 수술의 경우, 위의 3분의 2를 절제하는 경우가 대부분인데, 80대에 그런 수술을 받게 되면 식사를 할 수 없어 영양 상태가 급격히 나빠집니다. 따라서 60대라면 몰라도 70대, 80대에는 장기를 크게 절제해서는 안 된다고 저는 생각합니다.

나이가 들면 '이제 늙었으니까'라는 이유로 일상에서 많은 부분을 자제하려는 사람이 있는데, 그럴 필요는 없습니다. 오히려 이 시기가 되면 대부분의 사람들은 자녀 양육, 부모 간병, 주택 대출 등으로부터 해방되어 자신이 하고 싶은 일을 더 이상 미뤄둘 필요가 없어집니다. 오히려 이전보다 더 활발히 움직이기 쉬워진다고 생각해보세요.

전두엽을 쓰지 않으면
살아남을 수 없는 미래가 온다

저는 앞으로 20~30년 안에 큰 패러다임 전환이 일어날 거라고 생각합니다.

AI나 로봇이 더욱 현실화되어 우리 일상에 깊숙이 들어오면, 일하는 사람들이 설 자리가 오히려 없어지는 건 아닐까요?

로봇이 할 수 있는 일이 많아지면 오히려 사람보다 로봇에게 맡기는 게 실수가 적을 수도 있습니다. 만약 그런 시대가 되면 인간은 일하지 말고, 방해하지 말고, 기본소득으로 생활하라는 말이 나올지도 모르겠습니다.

그때가 되면 일하지 않고도 먹고살 수 있을지도 모릅니다. 또 일을 할 수 있는 사람은 제한될 것입니다. 꿈같은 이야기라고 생각할지 모르지만, 지금처럼 과잉생산과 소비위축 현상이 계속된다면 소비만 하는 사람이 더 고마운 존재가 될 수도 있습니다. 일을 하지 않고 돈만 써주는 노인이나 생활보호대상자는 사회에 고마운 '손님'이 될 것입니다. 우리가 잘 알고 있는 동화 『개미와 베짱이』의 마지막 문장도 '베짱이는 겨울에도 먹을 것이 남아돌아 평생 여유롭게 살았어요.'가 될 수도 있습니다.

그런 세상이 되면 지금과는 반대로 '일을 하고 싶어서' 열심히 학문에 몰두하거나 기술 연마에 열중하는 사람이 나올 수도 있습니다. 재미로 곤충 채집에 몰두하다가 세기의 발견을 하는 사람이 나올지도 모릅니다.

즉, 한마디로 이 세상이라는 것은 조건이 바뀌면 지금까지 믿었던 가치가 통하지 않게 됩니다. 그것은 너무 당연한 일이고, 만약 그런 세상이 온다고 해도 우리는 즐겁게 살아야 합니다.

미국이 주축인 지금 이 세계도 언제까지 지속될지 모릅니다. 중국이 주도하는 세계가 올 수도 있고, 인도가 급부상할 수도 있습니다. AI가 모든 것을 해결해주는 세상이 될 수도 있고, 화성에서 사는 것이 당연해질 수도 있습니다.

'생각한다는 것'의 질이 바뀌는, 문제 해결형보다 문제 발견형의 사람이 더 가치가 높아지는 미래가 온다는 뜻입니다.

문제 해결은 AI에게 맡깁시다.

AI에게 무엇을 맡길지 결정하는 것이 이제 '일을 할 수 있는 사람'의 조건이 될 것입니다.

스티브 잡스가 대단한 이유는 기술진의 해결 능력이 뛰어났기 때문이기도 하지만, 지금까지 이 세상에 없던 것을, 사람들이 원하는 것을 실현시켰다는 점입니다. 그야말로 문제 발견형, 즉 전두엽형 인간이라고 생각합니다.

기술이 발전하는 시대라는 것은 결국 요구 수준이 높은 사람이 더 행복해지는 것이라고 생각합니다. 지금에 만족하는 사람은 지금 이상의 것을 얻지 못할 테니까요. 실제로 이미 다양한 기술이 있고 기술을 구현하고 싶은 사람이 있습니다. 기술 실현을 위해 클라우드 펀딩으로 돈을 모으면 출자하는 사람도 있습니다. 기술 혁신은 더욱 가속화될 것입니다. 그러니 '하고 싶은 일이 있는 사람이 이기는 세상'은 계속될 것입니다.

그렇다면 우리는 어떻게 해야 할까요?

기본소득으로 밥을 얻어먹는 쪽으로 갈 것인가, 아니면 조금이라도 AI나 로봇이 할 수 없는 일을 해볼 것인가.

어느 쪽이 좋다거나 나쁘다는 건 아닙니다. 하지만 그 어느 쪽이든 전두엽을 사용하지 않으면 살아남을 수 없는 미래가 올 거라고 생각합니다.

2023년 3월

와다 히데키

감정 노화도 테스트

＊ 출처:『사람은 감정부터 노화한다』(人は「感情」から老化する) (와다 히데키, 쇼덴샤
(祥伝社), 2006/10/1)

	YES	어느 쪽도 아님	NO
최근에 친구를 초대한 적이 없다			
성욕, 호기심 등이 줄어들었다			
실수했을 때 예전보다 더 괴로워한다			
자신의 생각과 다른 의견을 좀처럼 받아들이지 못한다			
'이 나이에 시작해봤자 늦었어'라고 자주 생각한다			
이 나이에는 돈을 쓰고 즐기기보다 노후를 대비해 돈을 모으는 것이 낫다고 생각한다			
어떤 일이 마음에 걸리면 당분간은 계속 신경이 쓰인다			
최근에는 무언가에 감동해서 눈물을 흘린 기억이 없다			
화가 나서 부하나 가족에게 소리를 지를 때가 많다			
창업은 젊은 사람이나 가능한 일이라고 생각한다			

	×3	×2	×1
지난 6개월간 영화를 1편도 보지 않았다			
부부 싸움을 하면 분노가 좀처럼 사그라들지 않는다			
신간이나 문화센터, 자격증 학원, 여행 등의 광고에 흥미가 생기지 않는다			
친구의 자랑을 예전처럼 듣고 있기가 힘들다			
지난 한 달간 책을 한 권도 읽지 않았다			
요즘 젊은 사람들에 대해서는 잘 모르겠다고 종종 느낀다			
오늘 있었던 일이 신경이 쓰여 잠이 안 올 때가 많다			
요즘은 자주 눈물이 난다			
예전과 비교해서 참신한 아이디어가 떠오르지 않는다			
맛집 순례, 패션 잡지 등은 자신과는 상관없는 세계라고 생각한다			
한 가지 방법이 떠오르면 다른 방법은 좀처럼 떠오르지 않는다			
전보다 짜증을 자주 낸다			
최근에는 여행 일정을 스스로 짜지 않고 다른 사람에게 맡긴다			
예전보다 행동이 더뎌졌다			
○개수 합계	×3	×2	×1
'○개수'에 각각 3, 2, 1을 곱하기	①	②	③

	YES	어느 쪽도 아님	NO
아부라는 것을 알면서도 들으면 기분이 좋다			
'그 사람은 ××니까' 등 다른 사람을 단정 짓는 발언을 자주 한다			
다른 사람에게 질문을 하는 것이 귀찮다			
더 좋은 방법을 알고 있어도 귀찮아서 말하지 않는다			
한번 싫어진(좋아진) 사람은 좋은 점 (나쁜 점)이 보여도 인정하기가 어렵다			

		YES	어느 쪽도 아님	NO
	○개수 합계	×2	×1	×0

'○개수'에 각각 2, 1, 0을 곱하기　　④　　⑤

①+②+③+④+⑤ = 당신의 '감정 나이'

자신의 실제 나이보다 '감정 나이'가 많은 경우는 주의하세요!

와다 히데키 和田 秀樹

1960년 오사카 출생. 도쿄대 의학부 졸업. 노인정신의학 및 임상심리학 전문의로 30여 년 동안 일하고 있다. 정신과 전문의로 도쿄대학 의학부 부속병원 정신신경과 조수로 근무했으며 미국 칼 메닝거 정신의학학교 국제연구원을 거쳐 현재는 '와다 히데키 마음과 몸 클리닉' 원장으로 일하고 있다. 노인 문제 외에도 심리학, 뇌과학, 교육, 자기계발 등 다양한 분야에서 다수의 저서를 출간했으며 각종 텔레비전 프로그램과 라디오 방송에 출연하며 왕성한 활동을 이어 가고 있다.

종합 1위 누적 70만 부 베스트셀러 『80세의 벽』을 비롯해서 수많은 책이 국내에 번역·출간되었다.

최신작 『늙지 않는 뇌의 비밀』(원제: 不老腦)은 코로나 사태 이후 건강이 급격하게 악화된 노년층이 늘어나는 현상을 뇌과학 이론으로 분석하고 대안을 제시하는 도서이다. 저자는 서문을 통해 이 책이야말로 자신이 독자들에게 가장 하고 싶은 이야기를 담은 작품이라 밝히고 있다.

이주희

한국외대 일본어과를 졸업한 후 해외의 좋은 책들을 국내에 소개하는 저작권 에이전트로 오랫동안 일했다. 옮긴 책으로는 『늙지 않는 뇌의 비밀』, 『말로 표현하면 모든 슬픔이 사라질 거야』, 『자존감이 쌓이는 말, 100일의 기적』, 『집에서 혼자 죽기를 권하다』, 『무조건 팔리는 카피 단어장』, 『아이디어를 현실로 만드는 기획력』, 『매력은 습관이다』 등이 있다.

늙지 않는
뇌의 비밀

죽기 전까지
스마트한 사람들의
전두엽 단련법

1판 1쇄 인쇄 | 2023년 12월 29일
1판 1쇄 발행 | 2024년 1월 5일

지은이 | 와다 히데키
옮긴이 | 이주희
기획·편집 | 박지호   마케팅 | 김재욱
디자인 | design PIN

펴낸이 | 김재욱, 박지호
펴낸곳 | 포텐업
출판등록 | 제2022-000323호
주소 | 서울시 마포구 월드컵로7안길 20 302호(04022)
전화 | 070-4222-1212 팩스 | 02-6442-7903

이메일 | for10up@naver.com
인스타그램 | @for10up

ISBN 979-11-984764-1-8 03190
값 16,800원